# essentials

*essentials* liefern aktuelles Wissen in konzentrierter Form. Die Essenz dessen, worauf es als „State-of-the-Art" in der gegenwärtigen Fachdiskussion oder in der Praxis ankommt. *essentials* informieren schnell, unkompliziert und verständlich

- als Einführung in ein aktuelles Thema aus Ihrem Fachgebiet
- als Einstieg in ein für Sie noch unbekanntes Themenfeld
- als Einblick, um zum Thema mitreden zu können

Die Bücher in elektronischer und gedruckter Form bringen das Expertenwissen von Springer-Fachautoren kompakt zur Darstellung. Sie sind besonders für die Nutzung als eBook auf Tablet-PCs, eBook-Readern und Smartphones geeignet. *essentials:* Wissensbausteine aus den Wirtschafts-, Sozial- und Geisteswissenschaften, aus Technik und Naturwissenschaften sowie aus Medizin, Psychologie und Gesundheitsberufen. Von renommierten Autoren aller Springer-Verlagsmarken.

Weitere Bände in dieser Reihe http://www.springer.com/series/13088

Gerhard Preyer

# Struktur und Semantic Map

## Zur soziologischen Theorie Shmuel N. Eisenstadts

Prof. Dr. phil. Gerhard Preyer
Frankfurt a. M., Deutschland

ISSN 2197-6708 ISSN 2197-6716 (electronic)
essentials
ISBN 978-3-658-14240-7 ISBN 978-3-658-14241-4 (eBook)
DOI 10.1007/978-3-658-14241-4

Die Deutsche Nationalbibliothek verzeichnet diese Publikation in der Deutschen Nationalbibliografie; detaillierte bibliografische Daten sind im Internet über http://dnb.d-nb.de abrufbar.

Springer VS


Gedruckt auf säurefreiem und chlorfrei gebleichtem Papier

Springer VS ist Teil von Springer Nature
Die eingetragene Gesellschaft ist Springer Fachmedien Wiesbaden GmbH

# Vorwort

Das *essential* rekonstruiert den harten Kern von Eisenstadts allgemeiner Soziologie, wie er sie in der Untersuchung der Beziehung zwischen Handeln (Kreativität) und Struktur sowie zwischen Kultur und Sozialstruktur durchgeführt hat. Zur Einführung in Eisenstadts Soziologie Preyer (2011). Er ordnet seine Untersuchung in dem von ihm sogenannten „semantischen Map" als eine evolutionäre Universalie des „konstitutiven basalen Bezugsrahmens" der Erforschung der sozio-strukturellen Evolution an. Der Anspruch Eisenstadts geht dahin, ihn für die Analyse „aller Gesellschaften" anzuwenden. Aus seiner Sicht betrifft das: 1) Das existenzielle Problem der Definition der kosmologischen Ordnung und die Beziehung zur Welt und 2) die Erzeugung von Konflikten und Spannungen im Zuge der Strukturierung des sozialen Austauschs durch die Definition der kosmologischen Ordnung und ihrer symbolischen Konstruktion.

Aus Eisenstadts Sicht legen die grundlegenden semantischen Maps das zentrale Problem der menschlichen und der sozialen Existenz, die Spezifikation ihrer Lösungen und die Beziehung zu den grundlegenden Annahmen über die soziale Ordnung fest. Das Semantic Map und der Kampf um die Verteilung von Ressourcen ist der forschungsprogrammatische Bezugsrahmen seiner Reformulierung der Modernisierungstheorie, der Kritik an der klassischen Modernisierungstheorie als einer Konvergenztheorie und seiner Fassung des Problems der sozialen Ordnung.

Eisenstadts Analyse des „konstitutiven basalen Bezugsrahmens" ist ein Beitrag zur soziologischen Theorie. Das ist hervorzuheben, da die laufende Debatte über Multiple Modernities diesen theoretischen Hintergrund oft nicht angemessen berücksichtigt. Erst dann, wenn wir diesen Bezugsrahmen berücksichtigen, ist das Forschungsprogramm der Multiple Modernities angemessen zu interpretieren.

Mittlerweile ist das Forschungsprogramm zum „Third Research Program of Multiple Modernities, Membership, and Globalization 2016" fortgeschrieben und implementiert (Preyer und Sussman 2016a, b; Preyer 2016a, b). Die Studie wird mit einer Modifikation von Eisenstadts Ansatz durch eine mitgliedschaftstheoretische Reinterpretation abgeschlossen.

# Inhaltsverzeichnis

# Einleitung – Zum Problembezug 1

## 1.1 Kritik der Modernisierungstheorie

Eisenstadt gehört zu den einflussreichsten Soziologen seit den 1950er Jahren. Es gibt keinen anderen Sozialwissenschaftler, dessen Theoriebildung und Forschungen sich über 60 Jahre erstreckte. Er hat die soziologische Theorie seit dem Beginn seiner Karriere mitgestaltet und innoviert. Seit Mitte der 1970er Jahre hat er das Forschungsprogramm der *Vergleichenden Zivilisationsforschung* etabliert, das er am Fachbereich für Soziologie und Sozialanthropologie am *Truman Research Institute* der *Hebrew University*, Jerusalem durchführte. Sein soziologisches Gesamtwerk und seine intellektuelle Biografie sind durch die Hinwendung von der *Vergleichenden Institutionenanalyse* zum Forschungsprogramm der *Vergleichenden Zivilisationsforschung* zu charakterisieren.[1] Im Zuge der Durchführung des Forschungsprogramms formulierte er eine Kritik an der klassischen Modernisierungstheorie durch das Forschungsprogramm der *Multiple Modernities* als Fortsetzung des Forschungsprogramms *A Sociological Approach*

[1]Zur Einführung in die Soziologie und die Werkgeschichte Eisenstadts im Kontext des Wandels der soziologischen Theorie seit den 1950er Jahren Preyer (2011, S. 13–57), (2007a, S. 5–18); zur Selbstbeschreibung seiner intellektuellen Biografie im Kontext der soziologischen Theorie vgl. Eisenstadt (1995b, S. 1–40), (2003, S. 1–28); zur Orientierung über das Forschungsprogramm der Multiple Modernities vgl. Eisenstadt (2000a, b), (2002a, b); zur Rezeption der Multiple Modernities in der Theorie und Soziologie des Rechts vgl. Krawietz (2012), (2016).



G. Preyer, *Struktur und Semantic Map*, essentials,
DOI 10.1007/978-3-658-14241-4_1

*to Comparative Civilizations: The Development and Directions of a Research Programm* (Eisenstadt 1986a, 2003a).[2]

Die klassische Theorie der Modernisierung charakterisierte die moderne Sozialstruktur und ihr kulturelles Programm durch die Tendenz der strukturellen Differenzierung des Wirtschafts-, des politischen, des Wissenschafts-, des Religions- und des Erziehungssystems als Teilsysteme der modernen Gesellschaft, die mit der Verstädterung, den neuen Kommunikationsmedien und einem individualistischen Lebensstil einhergingen. Die soziale Struktur wurde in dem Strukturwandel der mittelalterlichen europäischen Zivilisation, ihrer politischen Ordnung und ihrer Wirtschaft zu der modernen Gesellschaft etabliert, die ihre kollektive Identität als Träger eines kulturellen und politischen Programms als *Modern* selbst beschreibt, z. B. der Nationalstaat und der revolutionäre Staat.[3] Die moderne kollektive Identität, vor allem der Nationalstaat, verbindet zwei Bestandteile, ein universalistisch kulturelles Programm und eine Partikularisierung des Nationalen im Hinblick auf ein Territorium, eine konstruierte geschichtliche, kulturelle Identität und kollektive Erinnerung. Zu erwähnen ist diesbezüglich auch die Zuspitzung des Verständnis der „Modernen Zeiten" (C. Chaplin) von C. Baudelaire und A. Rimbaud als „Entpersönlichung", „der leeren Idealität" und der „Enthumanisierung" (H. Friedrich 1956/1981). Tocqueville, Durkheim und Weber waren zwar sensible für die Anomalien des kulturellen Programms der Moderne, es wurde aber von ihnen angenommen, dass dieses Programm von allen Gesellschaften im Zuge der Ausbreitung der westlichen Modernisierung übernommen würde. Diese Einschätzung entsprach durchaus dem Zeitgeist. Das war auch die Grundannahme der Entwicklungs- und Konvergenztheorien seit den 1940er bis zu den 1960er Jahren, die nach dem Ende des

---

[2]Zu den Forschungsprogrammen vgl. Preyer (2011, S. 35–57), Preyer und Sussman (2016a, S. 3–15), die Forschungsprogramme sind in ProtoSociology 24, 2012 veröffentlicht. Zur Weiterführung zum „Dritten Forschungsprogramm" der Multiple Modernities Preyer und Sussman (2016b, S. 24–30).

[3]Zur der Unterscheidung zwischen Moderne, Modernisierung, modern und Modernismus sowie zwischen postmodern, Postmodernismus und Postmoderne vgl. Preyer (2011, S. 100–101), (2006, S. 152–156), zu begriffsgeschichtlichen Analyse, vor allem auch über den Aufklärungsbegriff und seine sozio-strukturelle Semantik vgl. Kossellek (1973), (2006), zu dem Forschungsstand aus der Perspektive der 1990er Jahre Featherstone, Lash, Robertson (1995), Turner (1992), zur Resytematisierung vgl. Axford (2013).

Zweiten Weltkriegs eine neue optimistische Einstellung gegenüber dem Erfolg des westlichen Modernisierungsmodells einnahm.[4]

Diese Forschungsprogramme der Modernisierungs- und Entwicklungstheorie gingen davon aus, dass sich eine Konvergenz zwischen den *offenen* industriellen mit den *geschlossenen* Gesellschaften der kommunistischen Regime einstellen würde. Aus dieser Sicht ist Modernisierung nicht nur ein diachroner, sondern auch ein strukturell synchroner Vorgang. Diese Ansätze gehen auf eine neue optimistische Einstellung gegenüber dem Erfolg des westlichen Modernisierungsmodells nach dem Zweiten Weltkrieg zurück. Parsons unterschied z. B. evolutionäre Universalien für die Interpretation von Modernisierungsvorgängen. Unter einer evolutionären Universalie versteht er:

> I shall designate as an evolutionary universal any organizational development sufficiently important to further evolution that, rather than emerging only once, it is likely to be „hit upon" by various systems operating under different conditions (Parsons 1967, 491).

Parsons ging davon aus, dass Modernisierung nicht nur durch die allgemeine Verbreitung der Moderne in unterschiedliche kulturelle Bereiche und Gesellschaften der emergierenden Weltgesellschaft zu systematisieren ist, sondern dass sie auch unter besonderen inneren gesellschaftlichen Bedingungen entsteht. Eisenstadt nimmt diesbezüglich einen weitgehenden theoretischen Einschnitt vor:

> Modernisierungsprozess kann demnach nicht mehr (als Ergebnis der Vergleichenden Zivilisationsforschung, d.V.) als das ultimative Evolutionsziel aller uns bekannten Gesellschaften angesehen werden. Die neue Perspektive, die wir hinsichtlich des Modernisierungsprozesses gewonnen haben, nimmt somit Abstand von der Annahme, dass ein solcher Prozess Evolutionspotenzial zum Vorschein bringt, das allen möglichen Gesellschaften gemeinsam ist. Modernisierung oder Moderne wurde nun vielmehr als ein spezifischer Zivilisationstyp

[4]Zu erwähnen ist auch die Entwicklungstheorie, die in den 1940er Jahren startete. Siehe zur klassischen Modernisierungstheorie Black (1969) und Levi (1966); zur Kritik an der Entwicklungstheorie vgl. Nederveen Pieterse (2001); zu den Paradoxien der westlichen modernen Zivilisation und des Programms ihrer Kultur vgl. z. B. Eisenstadt (1997) und Münch (1991, S. 27–68).

> betrachtet, der seinen Ursprung in Europa hatte und später – vor allem nach dem Zweiten Weltkrieg – seinen Siegeszug durch beinahe die gesamte Welt antrat (Eisenstadt 2006d, 54–55).[5]

Für die klassische Modernisierungstheorie war die Modernisierung Japans in der Meiji Restauration und Deutschlands nach der Reichsgründung 1871 ein Gegenbeispiel, das ihren Erklärungsanspruch einschränkte. Eisenstadt folgert aus seinen vergleichenden Untersuchungen, dass Japan eine weltweit einmalige Gesellschaft ist (Eisenstadt 1989, 1990, 1994). Damit wendet er sich gegen die Anpassung der klassischen Modernisierungstheorie an die abweichenden Fälle, z. B. von Bellah (1957)[6].

Um Eisenstadts Soziologie und seine Kritik an der Modernisierungstheorie angemessen einzustufen, empfiehlt es sich, den harten Kern seiner theoretischen Soziologie, den „konstitutiven basalen Bezugsrahmen" des „Semantic Map" zu rekonstruieren. Die Interpretation des Forschungsprogramms der *Multiple Modernities* ist diesen Bezugsrahmen einzuordnen. Das ist auch dadurch begründet, dass Eisenstadt die westliche Modernisierung als eine Selektion aus diesem Bezugsrahmen rekonstruierte. Die Situation hat sich mittlerweile dahin gehend geändert, dass mit dem Übergang zum „Third Research Program of Multiple Modernities, Membership, and Globalization 2016" eine Reinterpretation der Globalisierungsdebatte seit Anfang der 1990er Jahre vorliegt (Preyer und Sussman 2016a, b; Preyer 2009a, 2016c; ProtoSociology 2009c, 2011). Das „Dritte Forschungsprogramm" verarbeitet die Debatte über Postmodernismus und den Übergang zur postmodernen Gesellschaft, in der wir uns bereits befinden. Die Moderne ist kein Projekt, das weiter zu interpretieren ist. Eisenstadt (2003a) hat in seinem „Zweiten Forschungsprogramm" diesen Schritt mehr oder weniger ausdrücklich vollzogen. Das leitet den Schritt zu dem „Third Research Program of Multiple Modernities, Membership, and Globalization 2016" ein. Es führt zu einem grundsätzlichen Problem, das von der soziologischen Theorie, die sich an der Moderne und ihrer Selbstbeschreibung orientierte, immer wieder nicht angemessen in den Blick genommen wurde. Wir erkennen, dass die moderne Gesellschaft keine einheitliche Selbstbeschreibung finden kann (Preyer 2016c).

---

[5]Mittlerweile würden wir diesbezüglich nicht mehr von einem „Siegeszug" sprechen. Zu der Modernisierung der chinesischen Gesellschaft seit den 1990er Jahren siehe Preyer und Krauße (2014), Krauße (2015).

[6]Er untersuchte das Togugawa Regime der japanischen Gesellschaft seit Anfang des 17. Jahrhunderts als ein funktionales Äquivalent für die Rolle des asketischen Protestantismus in der Modernisierung des alten Europas.

Ein anderer Punkt ist, dass sie immer auch traditionale Formen von Sozialstrukturen reproduzierte und abwandelte.

Der Schlussschritt skizziert eine Modifikation von Eisenstadts Ansatz aus der Sicht der Mitgliedschaftssoziologie. Im Hinblick auf die soziologische Theorie ist noch ein Motiv anzumerken, das Eisenstadt herausgestellt hat. Die soziologische Theorie ist gut beraten, wenn sie die ideologischen Schlachten der Vergangenheit hinter sich lässt. Sie sollte ihre theoretische Arbeit jenseits von deterministischen, reduktionistischen, idealistischen (sozial-konstruktivistischen) und materialistischen Ansätzen fortführen, um das Fach nicht mit Hypotheken zu belasten, von denen wir wissen können, dass sie sich blockierend auf die jeweiligen Forschungsprogramme auswirken. Auf ein Folgeproblem ist an dieser Stelle bereits hinzuweisen, damit der Leser zu dem Problembezug von Eisenstadts allgemeiner Soziologie hingeführt wird. Seine Analyse der allgemeinen Theorie sozialer Systeme, welche eine Relationierung zwischen der Unbestimmtheitsthese, dem „biologisch offenen Programm", der „general propensities of human beings" und der Platzierung sozialer Systeme im „offenen Raum" vornimmt, bedarf einer reinterpretativen Korrektur (vgl. Abschn. 2.1.5, in diesem Text).[7]

## 1.2 Konstitutiver basaler Bezugsrahmen

Der harte Kern von Eisenstadts theoretischer Soziologie ist der „konstitutive basale Bezugsrahmen" des „Semantic Map". Ihn hat er erst im Fortgang seiner Werkgeschichte konstruiert.[8] In ihn ist seine Kritik an der Modernisierungstheorie einzuordnen. Es ist dabei werkgeschichtlich im Blick zu behalten, dass er ihn in die Problemstellungen der Soziologie von Durkheim und Weber und der soziologischen Theorie seit den 1950er Jahren stellt:

1. Die Relation zwischen *Handeln* (Kreativität) und *Struktur,*
2. die Relation von *Struktur* und *Geschichte,*
3. die Funktion der Kultur bei der Erhaltung der sozialen Ordnung versus ihrer Funktion bei der Transformation der sozialen Ordnung und

[7]Die Kommunikation mit Frau Dr. Anna Figel hat mich in diesem Vorbehalt ermutigt und motiviert, bei dem Umbau, der Reinterpretation und der Fortschrift des Forschungsprogramms der Multiple Modernities diesen Punkt entsprechend zu berücksichtigen.

[8]Um den Ansatz nachzuvollziehen sind vor allem die Untersuchungen Eisenstadts (1995b, c, d, e, f, g, h) zu resystematisieren und in das Gesamtwerk einzuordnen.

4. das Ausmaß der Interpenetration zwischen Kultur und Sozialstruktur.[9]

Der Punkt 4 hängt mit dem 1. Punkt zusammen. Es betrifft das z. B. auch die Teilnahme von Intellektuellengruppen an dem Entwurf der transzendenten und sozialen Ordnung von sozialen Systemen. Angesprochen ist damit auch die ambivalente Einstellung dieser sozialen Gruppen und ihrer Mitglieder gegenüber der kulturellen Ordnung, da sie auch die soziale Rolle der Sprecher und Programmkonstrukteure des Protests innehaben (Eisenstadt 2006b, S. 79–89).

Eisenstadt reformuliert diese Problembezüge durch die Analyse der Beziehung zwischen *Handeln* (Kreativität, human agency) und *Struktur* sowie *Kultur* (einschließlich der Religion) und *Sozialstruktur* (Makroordnung) in dem „konstitutiven basalen Bezugsrahmen" des „Semantic Map". Er beansprucht damit ein grundsätzliches Problem der soziologischen Theorie zu lösen, das sich seit den 1950er Jahren profilierte. Es ist dies die Beziehung zwischen der „Verhandlungsordnung" (negotiated order) und der „Tiefenstruktur" (deep structure). Die Verhandlungsordnung hebt die symbolische (kulturelle) Dimension der Kommunikation, ihrer Interaktionsbedingungen sowie die Autonomie der sozialen Subgruppen hervor und die Tiefenstruktur nimmt die materiale und die Machtdimension sowie die institutionelle Ordnung für die Auszeichnung des soziologischen Gegenstandsbereichs in den Blick.

Im „konstitutiven basalen Bezugsrahmen" des Semantic Map ordnet er die Analyse des Problems der sozialen Ordnung (Parsons) ein. Der Problembezug ist dabei die *Ordnungserhaltung* und *Ordnungstransformation* der Dimensionen der Kultur. Er reformuliert dies als die Beziehung zwischen *Macht, Vertrauen* und *Sinn.* So lautet nicht zufälligerweise der Titel der Sammlung „Essays in Sociological Theory and Analysis" (Eisenstadt 1995a). Die Problemstellung geht auf sein Studium bei Buber zurück. Aus der Perspektive des Forschungsprogramms der *Vergleichenden Zivilisationsforschung,* das er im Fortgang in das Forschungsprogramm der *Multiple Modernities* überführte, betrifft das aus seiner Sicht das Verständnis von struktureller Evolution und Geschichte. Geschichte ist für ihn gerade

[9]Eisenstadts Kulturbegriff hat zu Nachfragen veranlasst, vgl. dazu Silver (2016). Zu erwähnen ist auch Luhmanns (1995, S. 213, 341–342) Wissenssoziologie, der das Aufkommen des Kulturbegriffs im 18. Jahrhundert in die Zeit des Umbaus der gesellschaftsstrukturellen Semantik einordnet. Der reflexive Kulturbegriff bekommt seine Funktion im historischen und regionalen Vergleich und übernimmt die Rolle der Selbstevaluation als eine Differenzorientierung. Aus seiner Sicht ist er der „schlimmste aller Begriffe", der „verheerende Folgen" mit sich führte; zu Luhmanns Kulturtheorie vgl. Burkart und Runkel (2004).

kein abgeschlossener Vorgang, wie er in seiner Kritik an Fukuyama aus der Perspektive der 1990er Jahre hervorhebt, vielmehr erleben wir in der Gegenwartsgesellschaft nicht das Ende der Geschichte, sondern ihre Intensivierung (Fukuyama 1992, Eisenstadt 2003a, S. 511).

Die Rekonstruktion von Eisenstadts theoretische Soziologie ist dadurch motiviert, dass er beansprucht, einen „konstitutiven basalen Bezugsrahmen" für die Analyse der sozio-strukturellen Evolution von Gesellschaften zu konstruieren. Aus der Sicht seiner Reinterpretation der Geschichte der Soziologie ist dieser Ansatz dadurch begründet, dass er kein neues, übergreifendes und allgemeines Paradigma in der Soziologie erwartet. Deshalb positioniert er seinen Beitrag zur theoretische Soziologie als Forschungsprogramm der Vergleichenden Zivilisationsforschung. Im Hinblick auf die Geschichte der Soziologie stimmt er diesbezüglich mit Schluchter überein, die soziologische Theorie durch Forschungsprogramme zu charakterisieren und Soziologiegeschichte in „systematischer Absicht" zu rekonstruieren (Schluchter 2006, S. 1–18).[10]

[10]Zur Geschichte des Fachs Soziologie siehe Eisenstadt (2006c).

# 2 Problem der Struktur

## 2.1 Struktur und Handlung

Eisenstadts Innovation der Modernisierungstheorie ist ein Beitrag zur Systematisierung und Erforschung der sozio-strukturellen Evolution von Gesellschaften. Aus seiner Sicht ereignet sich die sozio-strukturelle Evolution als eine Variation von *Strukturen.*[1] Wie ist in Eisenstadts allgemeiner Soziologie die Beziehung zwischen *Handeln* (Kreativität) und *Struktur* angeordnet?

Eisenstadt geht von dem Hauptproblem der soziologischen Theorie seit den 1950er Jahren – der Analyse der Beziehung zwischen *Sozialstruktur, Kultur* und *sozialem Wandel* – aus. Der theoretische Hintergrund seiner Analyse ist aus seiner Sicht das Problem der *Kreativität:*

> The problem of such creativity and closely connected problem of the potential range of human freedom in social contexts have recently re-emerged in theoretical discussion in the social science as the problem of human agency in relation to social structure. This problem was, of course, already central in classical sociological theory (Eisenstadt 1995b, S. 1).

Das leitet zu der Beziehung zwischen *Handeln* (Kreativität), *Struktur* und *Charisma* in Eisenstadts allgemeiner Soziologie über.[2] Die charismatische Dimension

[1]Strukturen sind als Erwartungen (Erwartungserwartungen), ihre Normierung und organisationelle Institutionalisierung zu analysieren. Sie sind im Unterschied zu Ereignissen reversibel, vgl. hierzu Preyer (2011, S. 72–73).

[2]Zur Rolle des Charismas und der Zentrums-Peripherie-Beziehung Shils (1975); dazu Eisenstadt (1995 f).



G. Preyer, *Struktur und Semantic Map,* essentials,
DOI 10.1007/978-3-658-14241-4_2

des Handelns ist in der menschlichen Freiheit und Kreativität inkorporiert, sie betrifft das Vertrauen und die Solidarität der Gesellschaftsmitglieder. Die Kreativität, welche das Handeln einschließt, wird durch die Vermehrung von Autonomie und dem Bestreben der Differenzierung des Handelns aus den askriptiv eingebetteten sozialen Situationen ausgelöst.[3] Das ist der Anlass für fortlaufende, besondere Spannungen in der Sozialstruktur, die sich in Protest und Revolutionen artikulieren können.

Die sozialen Systeme sind grenzerhaltende Entitäten. Darin stimmt Eisenstadt mit der Systemtheorie Parsons überein. Ihnen kommt ein besonderer erkenntnistheoretischer und ontologischer Status zu. Sie sind keine Teile ihrer Umwelt, sondern Systeme in einer Umwelt. Ihre Differenzierung von ihrer Umwelt geht mit *Strukturen* einher. Strukturbildung hat die Aufrechterhaltung der Innen-Außen Differenzierung von Systemen zu gewährleisten. Kommunikationen reproduzieren sich als Ereignisse in der Zeitdimension, die nicht nur subjektiv durchlebt, sondern auch objektiv feststellbar sind. Gleichzeitig besteht die Makroordnung einer Gesellschaft aber nur dann, wenn sie aus epistemischer Sicht durch Handlungen und Kommunikationen reproduziert wird. Insofern hat die subjektiv-objektiv Unterscheidung zwei Lesarten: eine epistemische und eine ontologische. Die epistemische Lesart betrifft die Einstellungen der Teilnehmer an der Kommunikation von sozialen Systemen und die ontologische Lesart betrifft ihre Existenz. Das Problem der Sozialontologie ist es, die Frage zu beantworten:

> Ontological objectivity and subjectivity have to do with the mode of existence of *entities*. Epistemic objectivity and subjectivity have to do with epistemic status of *claims*. We can now put our apparent paradox in away that removes at least some of the appearance of paradox. The question is not, How can there be an objective reality which is subjective? But rather, *How can there be an epistemically objective set of statements about a reality which is ontologically subjective?* (Searle 2010, S. 18).[4]

Wenn wir diese Problemstellung auf Eisenstadts Ansatz spezifizieren, so sind aus epistemischer Sicht die Objektivität und Subjektivität sozialer Systeme durch

[3]Zur Differenzierung der askriptiven Solidarität Preyer (2015).

[4]Ein Vergleich zwischen Searles Sozialontologie und seinem Konzept der Zivilisation und Eisenstadts Ansatz, aber auch mit Tuomelas Sozialphilosophie, steht noch aus; zu Searles Ansatz vgl. Tuomela (2009, S. 294–300), zu Tuomela vgl. Preyer und Peter (2016).

Handlungen und ihren Voraussetzungen hervorgebracht. Aus der objektiven Sicht sind die Objektivität und Subjektivität der Mitgliedschaft in sozialen Systemen durch die „Existenz des offenen Raums", der „general propensities of human beings" und der konkreten Spezifikation dieser „propensities" bestimmt, die Eisenstadt (1995e, S. 331) durch die *Unbestimmtheit* und die *Besetzung des offenen Raums* ergänzt. Das ist seine Version der Rekonstruktion der System-Umwelt-Relation. Die Frage nach der Analyse der Beziehung zwischen epistemischer und ontologischer Objektivität und Subjektivität betrifft in Eisenstadts Soziologie die Relationierung zwischen „Struktur und Handeln (Kreativität)", der „Strukturation" (Giddens 1979, 1984), ihrer „Voraussetzungen", der „inneren Unbestimmtheit" der gesellschaftlichen Kommunikation und der „makrogesellschaftlichen Ordnung".[5] Diese Relationierung ordnet Eisenstadt in der Konstruktion des „konstitutiven basalen Bezugsrahmens" des Semantic Map an. Die Thematisierung des Zusammenhangs ist der Fokus des Metadenkens (Metareflexion), das durch die Differenzierung der symbolischen Dimension in der sozio-strukturellen Evolution ausgelöst wurde. Im Hinblick auf die soziologische Theorie erfolgt die Anwendung des „Bezugsrahmens" in Forschungsprogrammen, die auf veränderte „Situationen des sozialen Wandels" zu respezifizieren sind (Eisenstadt 2009a, b).

Bei der Konstruktion des „konstitutiven basalen Bezugsrahmens" des Semantic Map geht Eisenstadt von einer besonderen Beziehung zwischen *Struktur* und *Handeln* aus, da das „grundlegende menschliche Handeln" durch die Generierung von hoheitlicher Macht und dem Zugang zu den Ressourcen durch unterschiedliche Gruppen bestimmt ist (Eisenstadt 1995c, d, e, g). Zur Analyse der Struktur von sozialen Systemen gehört, dass die kognitiven und evaluativen Schemen (Regeln) das Verhalten der Mitglieder sozialer Systeme organisieren. Er stützt sich dabei auf Sewell (1992):

> … the rules or schemas making up structures may usefully be conceptualized as having a „virtual" existence, that structure consist of intersubjectively available procedures or schemas capable of being actualized or put into practice in a range of different circumstances. Such schemas should be thought of an operating at widely varyring levels of depth, form Lévi-Strussian deep structures to relatively superficial rules of etiquette …

---

[5]Zu einer Darstellung von Giddens Strukturierung vgl. Münch (2004, S. 488–491).

Structure, then, should be defined as composed simultaneously of schemas, which are virtual, and of resources, which are actual. If structures are dual in this sense, then it must be true that schemas are the effects of resources, just as resources are the effects of schemas …

▶ Agency arises from the actor's knowledge of schemas, which means the ability to apply them to new context. Or, to put the same thing the other way around, agency arises from the actor's control of resources, which means the capacity to reinterpret or mobilize an array of resources in terms of schemas other than those that constituted the array. Agency is implied by the existence … (Sewell 1992, S. 1–12; Eisenstadt 1995e, S. 360–361).

Sewell nimmt Motive von Giddens Strukturation Ansatz auf. Eisenstadt überführt die Beziehung der von *Handeln* und *Struktur* (Tiefenstruktur) in das Semantic Map und spezifiziert sie auf die System-Umwelt Beziehung im Hinblick auf die „basale Offenheit der menschlichen Aktivitäten" (basic openness of human activities) und die Konstruktion der Grenzen von sozialen Systemen, Collectivities und Organisationen, welche die Relation zu ihrer Umwelt begrenzen.

An Giddens Ansatz ist so viel zutreffend, dass er Subjektivismus und Objektivismus – somit Verhandlungsordnung versus Tiefenstruktur – in der soziologischen Theorie zu überwinden beansprucht. Strukturen sind nicht eine Tiefenstruktur, die sich in der Zeit unabgewandelt erhält. Sie ist vorgegeben und wird durch Kommunikationen und Handlungen reproduziert, d. h. bestehende Strukturen, die selbst ein Ergebnis von Kommunikationen und Handlungen sind, werden ihrerseits durch Kommunikationen und Handlungen fortgeführt. Dadurch reproduzieren sich soziale Systeme in der Zeitdimension. Giddens spricht von „sozialer Praxis". Der Terminologie ist nicht glücklich gewählt. Der Problembezug Giddens ist jedoch in der soziologischen Theorie anschlussfähig. Hervorzuheben ist, dass Strukturen und Strukturation sowohl objektiv als auch subjektiv sind. Sie schränken ein und eröffnen zugleich für die Mitglieder sozialer Systeme Optionen in ihrer Biografie. Münch hebt hervor, dass Giddens Ansatz der Bestimmung von sozialen Strukturen als das Ergebnis von Machtkämpfen zu einseitig ist. Dem ist zuzustimmen. Die Engführung von Handlung, Wissen und Macht ist der Fehler von Giddens Ansatz (Münch 2004, S. 480, 492). Im Hinblick auf Eisenstadt trifft das auch zu. Sein Ansatz umfasst zwar beides, die Verhandlungsordnung und die Tiefenstruktur, er hat aber den Problembezug der Einstufung des Machtmediums nicht analytisch zufriedenstellend vorgenommen.

Strukturen sind Einschränkungen der Kommunikations- und Handlungsoptionen der Mitglieder sozialer Systeme. Die *Struktur* und die *Strukturation* des sozialen Austauschs und ihr Beitrag zu der Sozialstruktur als der Makroordnung einer Gesellschaft sind durch die Grenzziehung des sozialen Austauschs zwischen der Innen- und Außenbeziehung sozialer Systeme bestimmt. Das menschliche Handeln und die ihm entsprechenden Aktivitäten reproduzieren und transformieren zur gleichen Zeit eine Gesellschaft durch *Strukturation*. In diesem Punkt stimmt Eisenstadt mit Giddens überein (Eisenstadt 1995b, S. 21).

Eisenstadt systematisiert die sozio-strukturelle Evolution als seine Variation von *Strukturen,* da der „konstitutive basale Bezugsrahmen" des Handelns und der Kommunikation durch menschliches Handeln erzeugt wird und gleichzeitig Handeln und Kommunikation nur in einem „Bezugsrahmen" (Struktur) möglich ist:

- Process of change, especially but not only those which develop beyond the ability of the existing regulative mechanism to "absorb" or restructure them according to the premises of the patterns of social interaction, and above of a "macrosocietal" order, are characterized by some specific characteristics which become especially visible in intense "situations of change." The major characteristic of such situation of change is that there take place within them a "defreezing" of resources and activities form existing institutional frameworks which makes these resources and activities "open," "free-floating," and available for a new restructuring.

- Thus, in a sense, such structures, or the tendency to such structuration, constitutes what has been called the 'evolutionary universals' of any known society. They constitute the basic frameworks within which any action takes place. But their concrete specification continuously change in history through processes of interaction which develop within such frameworks. Such processes which entail the interweaving of the concrete parameters of these frameworks change, but not the general tendency to the structuration of human activity within them (Eisenstadt 1995e, S. 376, 389).

Daher sind der funktionale Imperativ der Reproduktion sozialer Systeme *Strukturen* und die *Strukturation*. Diese „Voraussetzungen" sind von allen Mitgliedern von sozialen Systemen zu erfüllen, die für ihre Statuspositionen (-funktion) als

Mitglieder besondere Rollen auszuüben haben. Genau diese Voraussetzung erklärt aus Eisenstadts Sicht die Rolle der Autoritäten und der Macht in allen Gesellschaften.[6] Wir sollten diese evolutionäre Universalie das *Problem der Struktur* und ihrer *Restabilisierung* nennen. Das leitet zu dem Problem der *Transzendenz* und *Existenz* in Eisenstadts Soziologie über.

Der konstitutive basale Bezugsrahmen ist der Hintergrund für die Analyse von Handlungen, Kommunikationen, Institutionenbildung, der charismatischen Dimension und der Analyse von sozialem Wandel in der System-Umwelt Beziehung sozialer Systeme. Dabei kann der Soziologe keinen Standpunkt außerhalb der Gesellschaft einnehmen.

## 2.2 Unbestimmtheit, Existenz und Transzendenz

Aus Eisenstadts Sicht ist der grundlegende Gesichtspunkt der sozio-strukturellen Evolution die *innere Unbestimmtheit* der Fortführung der gesellschaftlichen Kommunikation (Mayer 1976; Eisenstadt 1995e, S. 331–349). Das betrifft seinen Begriff sozialer Systeme, durch die sie sich von ihrer Umwelt differenzieren. Er schließt sich Ernst Mayers Ansatz der Unbestimmtheit durch die Offenheit des genetischen Programms an. Die sozialen Grenzen sind jedoch nicht durch das genetische Programm festgelegt. Sie sind bestimmt durch Kommunikation, Interaktion und ihre Struktur. Das ist hervorzuheben, da es keine genetischen Gesetze gibt, mit denen wir die Struktur sozialer Systeme erklären.

Eisenstadts Erkenntnisinteresse ist es, die Voraussetzungen der evolutionären Differenzordnung der System-Umweltbeziehung sozialer Systeme und des sozialen Wandels zu identifizieren:

> It is the existence of indeterminacies on different levels of human interaction, the combination of the universal tendency to structuration, and the relative openness of many of its levels and their continuous interweaving that generate the possibility of freedom, creativity, and innovation, as well as the tendency to restructuring. The combination provides the dialectics of structure and history and of human creativity and freedom (Eisenstadt 1995e, S. 389).

[6]Über die Rolle dieser Funktionen in primitiven Gesellschaften Eisenstadt (1971a, S. 77–83).

Die Unbestimmtheit ist allen menschlichen Aktivitäten und somit der Beziehung zwischen den Zielen der Teilnehmer an Kommunikationen, den Ressourcen, über die sie verfügen, und der Organisation der Kommunikation inhärent. Sie generiert das zentrale *Problem der Besetzung des offenen Raums* durch allgemeine dispositionale Eigenschaften und ihrer Spezifikation. Insofern ist Eisenstadts Soziologie eine *Soziologie des Raumes und der Existenz:*

> The existence—in all areas of human action—of open spaces between the general propensities of human beings and the concrete specifications of these propensities means that the crux of concrete human activity is he 'filling in' such spaces. Such 'filling in' can be effected only through social interaction, which however, is also characterized by indeterminacies and open spaces, and which begins with the processes of the socialization of the young and continues through the adult life of members of societies (Eisenstadt 1995e, S. 331).[7]

Diese Unbestimmtheit ist die Voraussetzung von Kommunikation, der Reproduktion kommunikativer Ereignisse und ihrer möglichen Anschlussgestaltungen in der Zeit. Eisenstadt hat aber die Analyse der Unbestimmtheit nicht in der Zeitdimension vorgenommen und auf den Problembezug der Ausschaltung von doppelter Kontingenz fokussiert (Parsons). Bei diesem Anschnitt wäre er auf das Problem gestoßen, dass Zweckhandeln und die Gestaltung der Anschlussrationalität von Kommunikation die Differenz zwischen gegenwärtiger Zukunft und zukünftiger Gegenwart nicht überbrücken kann. Das ist für das soziale Ordnungsproblem informativ, da wir dann die Zerbrechlichkeit sozialer Ordnung anders begründen. Das trifft auch auf Eisenstadts Sicht auf die Begrenzung der Unbestimmtheit und das Erfordernis der Formung des offenen Raums durch den funktionalen Imperativ die Konstruktion von Vertrauen, Solidarität, Legitimation, Sinn und die Regulation des Machtgebrauchs zu, da diese Konstruktionen unter der Voraussetzung funktionaler nicht mehr durch eine Legeshierachie gebunden und die Übereinstimmung von Naturrecht und der Beachtung der Moral (Sitten) gesellschaftliche Kommunikation nicht mehr in einen für gut gehaltenen gesellschaftlichen Zustand hinführt.

---

[7]Zum Schlüsselbegriff der kritischen Funktion der unterschiedlichen Eliten bei ihrer Besetzung des offen Raums und Eisenstadts Kritik an Parsons Evolutionstheorie der Strukturdifferenzierung sowie des evolutionären innersystemischen Wachstums vgl. M. Marangudakis (2016b, S. 48–64).

Die Beziehung zwischen *Struktur* und *Handeln* (Tiefenstruktur) ist jedoch nach Eisenstadts allgemeiner Soziologie nicht nur kognitiv und evaluativ, sondern mit dem Problem der *Existenz* des menschlichen Lebens und der sozialen Organisation verbunden. Eisenstadt zählt zu den existenziellen Grundlagen die Selbstwahrnehmung, die Reflexivität und die Problematisierung, die durch des Metadenken ermöglicht wurden. Von diesem Blickwinkel reformuliert Eisenstadt das „Problem der sozialen Ordnung" (Parsons). Der zentrale Fokus der Reflexivität ist somit die Erkenntnis der Willkürlichkeit und Kontingenz der sozialen Ordnung und der sozialen Orientierungen, welche die Ambivalenz gegenüber dieser Ordnung auslösen. Eisenstadt charakterisiert diese Grundlage wie folgend:

> Human self-awareness, the construction of meaning and reflexivity, and the tendency to meta-thinking in all human societies does not take place in an entirely random way, even if such construction is not predetermined in all its details either by the genetic endowment of the human species (as suggested by some sociobiologists) or by the constant rules of the human mind (as implied by many structuralists). Such 'construction of meaning' is structured through the cognitive schemata referred to above. Such schemata are first of all constituted according to distinct parameters of structuration which are to be found—as the structuralists have stressed in their Kantian orientation—in all societies or cultures. On the most general level, such schemata are structured around the categories of time, space, and the self-reflecting subject in relation to different objects to the environment. A central aspect of such human self-reflection is the fact that the subject also constitutes an object of such reflection (Eisenstadt 1995e, S. 339).

Die Fortführung und die Neuschaffung der gesellschaftlichen Kommunikation enthält die Beschreibung der existenziellen Situation, die im Hinblick auf Kernsymbole, Ontologien, Entwürfe der sozialen Ordnung und sozialer Regelungen fortlaufend neu interpretiert wird. Das gilt unabhängig davon wie erfolgreich sie institutionalisiert werden. Sie erzeugen einen Überschuss an Texten, der ihrerseits wieder reinterpretiert werden können. Die Überschussproduktion stellt das Problem des selektiven Anschlusses und der damit einhergehenden Fortschreibung. Diese grundlegende Bedingung verursacht neue Grenzziehungen zwischen den sozialen Systemen und verändert die Teilnahmebedingungen an Kommunikationen in den sozialen Systemen. Das ist dadurch begründet, dass bei ihrer höheren

Komplexität die Integration durch geteilte soziale Erwartungserwartungen (soziale Normen) eher unwahrscheinlich ist. Aus Eisenstadts Sicht gibt es deshalb in der strukturellen Evolution ein grundsätzliches Integrationsproblem, das sich von der Anlage her nicht beseitigen lässt. Daraus ist zu folgern, dass Differenzierungen keine höherstufige Integration der differenzierten Einheiten einleiten. Das Integrationsproblem lässt sich auch nicht durch die Verallgemeinerung von Werten und die Inklusion in die gesellschaftliche Gemeinschaft beheben (Parsons). Die Mitgliedschaft in sozialen Systemen ist aber auch das Ergebnis von sozialen Kämpfen und Konflikten, die durch kosmologische Visionen, Prestige, die Verfügung über Gewaltmittel sowie wirtschaftliche und technische Ressourcen motiviert sind.

Der zentrale funktionale Imperativ sozialer Systeme ist die Grenzerhaltung der Innen-Außen-Differenzierung. Das betrifft ihre Struktur. Der Grundbegriff von Eisenstadts „konstitutivem basalen Bezugsrahmen" der Analyse sozialer Systeme und ihrer Struktur ist der Begriff der *Grenze*. Grenzen sind für die Selbstselektion sozialer Systeme konstitutiv, die sich durch Grenzziehungen zwischen den Collectivities, den Interaktionssystemen und den Organisationen differenzieren. Die Strukturerhaltung verursacht aber immer auch Konflikte und Widersprüche, die den Wandel, die Transformation, den Abbau von Grenzen und die Rekonstruktion der Grenzen sozialer Systeme veranlassen:

> ▶ The construction of the boundaries of social systems, collectivities, and organizations necessarily delineates their relations with their environment. However, it is wrong to assume that there is a natural environment of any society, of pattern of social interaction. There is no such thing as the 'natural' environment 'out there' (Eisenstadt 1995e, S. 358–359).

Die System-Umwelt Relation wird somit von Eisenstadt derart gefasst, dass es ein „natürliches Draußen" für soziale Systeme nicht gibt, sondern soziale Systeme ihre eigene Umwelt „in unterschiedlichen ökologischen Ausgangslagen" konstruieren. Aus Eisenstadts Sicht determiniert nicht die Umwelt sozialer Systeme ihre Struktur und Organisation, da sie durch eine Variation von Strukturen als allgemeine Kommunikationsbedingungen bestimmt sind. Das ist hervorzuheben, da die „natürliche Umwelt" keine Grenzen von sozialen Systemen festlegt. Dem soziale Bereich kommen somit systemische Eigenschaften zu, die keine Resonanz in ihrer nicht-sozialen Umwelt haben. Er ist durch die grundlegende Grenze zwischen Innen und Außen bestimmt. Diese Grenze ist nur durch

Beschränkungen an der Teilnahme an Kommunikation zu etablieren. Aus dieser Sicht analysiert Eisenstadt die Beziehung zwischen *Kultur* und *Sozialstruktur* (Makroordnung), da jede Makroordnung den funktionalen Imperativ der Strukturerhaltung zu erfüllen hat. Damit wird nicht behauptet, dass die Organisation dieser sozialen Makroordnung erfolgreich ist.

Die leitenden theoretischen Unterscheidungen für die Konstruktion des „konstitutiven basalen Bezugsrahmens" der Analyse der strukturellen Evolution von Gesellschaften sind aus Eisenstadts Sicht der Begriff der Struktur, ihrer Variation, die Strukturation, die innere Unbestimmtheit der Fortführung der gesellschaftlichen Kommunikation, die damit einhergehenden Grenzziehungen sozialer Systeme und die existenzielle Interpretation der Mitglieder von sozialen Systemen. Die Analyse des strukturellen Wandels in der sozio-strukturellen Evolution analysiert Eisenstadt am Leitfaden der Semantic Maps. Er wird aus seiner Sicht durch die nicht-intendierten Folgen der Disposition über frei Ressourcen ausgelöst (Marangudakis 2016b, S. 48–64).

# 3 Semantic Map

Ein Großteil der Soziologen stimmen darin überein, dass der Ausdruck „soziale Evolution" für eine Abkürzung für Prozesse des Strukturwandels sozialer Systeme steht. Die Analyse der Mechanismen des sozialen Wandels sind der Gegenstand der soziologischen Theorie und der transdisziplinären Forschung. Eisenstadt akzeptiert eine grundlegende Annahme der klassischen Evolutionstheorie von Gesellschaften, dass Populationen die Tendenz haben, sich auszubreiten, z. B. durch Wanderungen und Gebietsbesetzungen (Eisenstadt 2015). Der Impetus der strukturellen Evolution ist die Ausweitung, die Entkopplung und Differenzierung der unterschiedlichen Dimension der sozialen Handlungen von dem askriptiven Bezugsrahmen, in den sie eingebettet sind (Eisenstadt 2015).[1] Diese Annahme wird von den unterschiedlichen Disziplinen der evolutionären Forschung, der Soziologie, der Wirtschaftswissenschaft, der Kulturanthropologie und der Populationstheorie geteilt.

Eisenstadt erforschte die Eigenschaften der Entwicklung in unterschiedlichen Dimensionen der Ausbreitung und der Differenzierung im Prozess des evolutionären Wandels und seiner Durchbrüche (Eisenstadt 1971b). Er legt eine besondere Analyse der strukturellen Differenzierung, der sozialen Ordnung, der Überzeugungssysteme (Eisenstadt: kosmologische Visionen, Weber: *Weltbilder* als Weichensteller) und der sozialen Trägerschichten als eine Kritik an den Annahmen der klassischen evolutionären und struktur-funktionalen Analyse vor.

[1]Zur Analyse der askriptiven Solidarität und ihrer Restrukturierung siehe Preyer (2015).



G. Preyer, *Struktur und Semantic Map,* essentials,
DOI 10.1007/978-3-658-14241-4_3

## 3.1 Sozialstruktur, Kultur und soziale Ordnung

Eisenstadt führt eine neue Analyse der Beziehung zwischen *Kultur* und *Sozialstruktur* als Brennpunkt der makrosoziologischen Analyse von Gesellschaften durch.[2] Aus Eisenstadts Sicht sind einzelne Gesellschaften als eine *Collectivity* mit einer Makroordnung und ihrer Organisation zu untersuchen, die ihren Mitgliedern Einschränkungen an der Teilnahme am sozialen Austausch auferlegen (Beziehung zwischen *Handeln* (Kreativität) und *Struktur*). Es gibt für ihn keine Gesellschaft ohne die kollektive Identität ihrer Mitglieder (Eisenstadt und Giesen 1995i; Eisenstadt 2009b; Hondrich 2001a, b; Preyer 2009b). Eisenstadt und Giesen unterscheiden zwischen der *primordialen,* z. B. Geschlecht, Generation, Verwandtschaft, Territorium, Sprache, Ethnie (Rasse), der *zivilen,* z. B. ausdrückliche und implizite Regeln, Traditionen, soziale Routinen und der *sacral/transzendente,* z. B. die Beziehung des Kollektivs und seiner Mitglieder zum Heiligen und Sublimen, z. B. definiert als Gott, Vernunft, Fortschritt und kollektiven Identität. Sie verschwindet nicht im Zuge des sozio-strukturellen Wandels und der Modernisierung (Eisenstadt 2009b). Dabei ist Eisenstadts Kulturbegriff hervorzuheben, den er gegenüber dem Ansatz der Platzierung der Kultur in Parsons Bezugsrahmen der analytischen Handlungssysteme abgrenzt (Eisenstadt 1995e, S. 351; Geertz 1973, S. 93–94).[3]

> … models of culture and social orders—the Geertzian models „of and for society"—represent and promulgate the incorrigible assumptions about the nature of reality and a social reality prevalent in a society, the core symbols of a society, the evaluation of different arenas of human activity, and the place of different symbolic ("cultural") activities as they bear on the basic on the basic predicaments and uncertainties of human experience. These models present the criteria delineating the limits of the binding cultural order, of the parameters of the society's tradition, and of the symbols of collective identity, as well as the appropriate codes of behaviour within the major arenas of institutional and cultural activity (Eisenstadt 1995e, S. 351).

[2]Dazu im Hinblick auf das klassische soziologische Problem der Entstehungsgeschichte der westlichen Gesellschaft vgl. Eisenstadt (1987).

[3]Zur Kultur der Moderne vgl. Münch (1986).

Sozialstruktur und Kultur sind demnach keine ontologischen Entitäten oder Seinsbereiche, sondern zwei analytische Dimensionen der sozialen Interaktion von Gesellschaftsmitgliedern als der leitende Problembezug der soziologischen Analyse. Die epistemische Subjektivität und Objektivität der analytischen Dimensionen sind, ziehen wir Eisenstadts analytischen Bezugsrahmen heran, auf die ontologische Subjektivität und Objektivität der „general propensities of human beings“ und der „Existenz des offenen Raum“ (System-Umwelt-Relation) zu respezifizieren.

Die strukturelle Evolution von Gesellschaften, die wir als Modernisierung beschreiben, beginnt mit der strukturellen Differenzierung zwischen den unterschiedlichen Dimensionen der sozialen Handlungen aus dem askriptiven Bezugsrahmen (Eisenstadt 2015). Ihre Reorganisation und Restabilisierung untersucht Eisenstadt an der Beziehung zwischen Sozialstruktur und Kultur am Leitfaden des Semantic Map. Die Beziehungen des Semantic Map ordnet Eisenstadt zwischen *zwei Polen* (Achsen) an. Im Hinblick auf den ontologischen Status des Bestandteils des „konstitutiven basalen Bezugsrahmens“ verbindet die Beziehung zwischen *Handlung* (Kreativität) und *Struktur* die Interaktions- mit der Makroanalyse von Gesellschaften und sozialen Ordnungen. Für die Analyse des Zusammenhangs stützt sich Eisenstadt auf den Begriff der Strukturation (Giddens).

1. Von dem Blickwinkel des *ersten Pols* aus ist das existenzielle Problem die Definition der kosmologischen Ordnung und die Beziehung zur Welt, welche die Unterscheidung zwischen dem Bereich der Welt und dem transzendentalen Bereich überbrückt. Die Antwort darauf betrifft den Lebensweg der Mitglieder einer Gesellschaft, die an unterschiedlichen Kommunikationen teilnehmen und Mitglieder sozialer Systeme sind.
2. Vom Blickwinkel des *zweiten Pols* des sozialen Bereichs aus betrifft das existenzielle Problem die Erzeugung von Konflikten und Spannungen im Zuge der Strukturierung des sozialen Austausch durch die Definition der kosmologischen Ordnung und ihrer symbolischen Konstruktion:

> The construction of the semantic map of the basic tradition or premises of societies or sectors thereof entails the specification of the definition of the legitimate range of problems related two basic axes, the ways in which these problem and answers to them are formulated, and their legitimation in terms of the range of meta-meanings. It entails their mayor institutional implication, and their transformation into the basic premises of the social order, i.e. the specification of the relation between the basic dimensions of social order alluded to above—namely the division of labor, of trust, of boundaries of

> collectivities, regulation of power, the construction of meaning of human activities in terms of these basic poles and axes, and their institutional implications (Eisenstadt 1995g, S. 298).

Es ist deshalb der Anspruch von Eisenstadts Soziologie, die Beziehung zwischen *Macht, Vertrauen* und *Sinn* als das grundlegende Problem der sozialen Ordnung in den Konstellationen der sozio-strukturellen Evolution in den „konstitutiven basalen Bezugsrahmen" der Analyse der Beziehung zwischen *Handeln* (Kreativität) und *Struktur* sowie zwischen *Kultur* und *Sozialstruktur* einzuordnen.

Die Anordnung der Beziehung zwischen *Handeln* (Kreativität) und *Struktur* analysiert Eisenstadt durch die Unbestimmtheit der Prozesse der gesellschaftlichen Kommunikation. Sie ergänzt er durch die Beziehung zwischen *Kultur* und *Sozialstruktur* im Hinblick auf die Organisation der Makroordnung von Gesellschaften und ihrer evolutionären Strukturation. Für die Implementierung der Semantic Maps systematisiert Eisenstadt durch die innere Unbestimmtheit der Prozesse der gesellschaftlichen Kommunikation zwischen.

1. den Mitgliedern einer Gesellschaft und den Collectivities,
2. den Zielen der Mitglieder einer Gesellschaft und
3. den Zielen der Mitglieder einer Gesellschaft und den Ressourcen über die sie verfügen.

Das Bewusstsein der Unbestimmtheit geht mit der Konstruktion der sozialen Ordnung als ein Bestandteil der Selbstinterpretation und der Selbstwahrnehmung der Mitglieder einer Gesellschaft einher:

> ▶ All societies construct such a social and cultural order, designed in part to overcome the uncertainties and anxieties implied in these existential givens. They do so by constructing symbolic boundaries of personal and collective identity (Durkheim), by defining membership in different collectivities in terms of universal biological primordial categories such as age, generation, sex and territorial attachment, by 'answering' certain perennial problems of death and immortality in religious belief systems, and by distinguishing between the given, mundane world and another world beyond it and between the profane and the sacred (Eisenstadt 1995d, S. 310).

Die existenzielle Unsicherheit und Angst sind die Voraussetzung für die Konstruktion des Heiligen und die Suche nach einer sinnvollen Welt durch den Zugang zu der etablierten kosmologischen und sozialen Ordnung. Die Konstruktion des Bereichs des Heiligen ist der Kern der menschlich-charismatischen Aktivität. Dieser Kernbereich etabliert den Zugang zu der kosmologischen Ordnung. Von ihm gehen gleichzeitig die revolutionären Situationen in der sozio-strukturellen Evolution aus.

## 3.2 Charismatische Dimension und Institutionalisierung

Die grundlegenden Semantic Maps legen das zentrale Problem der menschlichen und der sozialen Existenz, die Spezifikation ihrer Lösungen und die Beziehung zu den grundlegenden Annahmen der sozialen Ordnung fest:

> ▶ A very central aspect of the crystallization of the institutionalization of the semantic map of a society, sectors thereof, or of individuals, is the symbolic, ideological definitions of the basic premises of different spheres of human activities and of social sectors in general, and of the political sphere in particular. It is these definition of these premises that provide such activities with their specific meaning and legitimation in the respective societies or sectors thereof. Such symbolic definitions of economy of polity, and the like, need not be identical with their structural differentiation. These spheres do not have to be designated in symbolically distinct autonomous ways in every society with a relatively differentiated and specialized economic or political order (Eisenstadt 1995c, S. 298–299).

Das Verbindungsglied zwischen der Arbeitsteilung, der Kristallisierung ihrer Rollen sowie die Regelung des Flusses der freien Ressourcen sind nach Eisenstadt *Grundregeln.* Sie legen die

1. symbolischen Grenzen der Collectivities,
2. den Zugang zu den Ressourcen und ihre Regulierung sowie
3. die Bedeutung der kollektiven Ziele

fest (Eisenstadt 1995e, S. 344–345). Die Interpretation der Grundregeln und das damit einhergehende institutionelle Rahmenwerk bestimmen die Brennpunkte des menschlichen Handelns und die Rolle der charismatischen Dimension im sozialen Austausch (Eisenstadt 1995e, S. 344–348). Es kündigt sich dabei ein Folgeproblem an, dass Grundregeln und die damit einhergehenden Achtungserweise sich im Falle der funktionalen Differenzierung in Achtungsmärkte differenzieren, die unterschiedliche Mitgliedschaftsbedingungen haben. Der Achtungserweis ist dabei nicht mehr für die gesellschaftliche Kommunikation die unterschiedlichen Achtungsmärkte übergreifend zu gewährleisten. Das hat zwangsläufig eine Umstellung der kontrafaktischen zur kognitiven Orientierung für die Teilnahme an dem intersystemischen Austausch zur Folge.

In den Bezugsrahmen der „Grundregeln der sozialen Interaktion“ fügt Eisenstadt die charismatische Dimension im Hinblick auf die Institutionenbildung und die soziale Ordnung ein:

> The essence of the charismatic dimension in human life is the attempt the very essence of being, to go to the very roots of existence, of the cosmic, cultural, and social order, to what is seen as sacred and fundamental (Eisenstadt 1995d, S. 312).

Die charismatische Dimension hat sowohl konstruktive als auch destruktive Möglichkeiten als intrinsische Eigenschaften. Die Wahrnehmung der Unbestimmtheit durch die Mitglieder sozialer Systeme löst aber auch die Erfahrung der Kontingenz der gegebenen sozialen Ordnung aus. Das ist für Eisenstadt ein Beleg dafür, dass jede soziale Ordnung „fragil“, somit nicht zu perfektionieren ist.

In den Bezugsrahmen der Implementierung des Semantic Map ist Eisenstadts Analyse der evolutionären Innovation der Achsenzeitzivilisationen in der sozio-strukturellen Evolution einzuordnen. Ausgehend von dem analytischen Bezugsrahmen ordnet Eisenstadt die *erste* Achsenzeitzivilisation als eine strukturelle Innovation in die sozio-strukturelle Evolution ein (Jaspers 1953; Schwartz 1975; Bellah 2005, 2011; Eisenstadt 1982, 1986b, 1987, 1992, 2000a, 2012; Arnason et al. 2005; J. Bokser Liwerant 2015).

Jaspers Begriff der Achsenzeit bezieht sich auf die Zivilisationen des alten Israels, des alten Griechenlands, dem Christentum, teilweise dem Zoroastrianischen Iran, der frühen imperialen Zeit Chinas, dem Hinduismus und dem südlichen Buddhismus und der muslimischen Welt. Eisenstadts Zivilisationsbegriff und sein Begriff der Gesellschaftsformation bedarf einer besonderen Analyse. Es ist zu unterscheiden zwischen einer Zivilisation, z. B. „Amerika“ oder der „Christenheit“

und dem institutionellen und organisationellen Rahmen, z. B. den „Vereinigten Staaten von Amerika“ und der Kirchenorganisation.[4] Was die Analyse der Achsenzeiten betrifft, so enthalten ist sie auch immer Nicht-Achsenzeit-Bestandteile. Das Forschungsprogramm kommt zu dem Ergebnis, eine „Vielfalt der Achsenkulturen“ anzunehmen (Eisenstadt 2006d, S. 273–274; Preyer 2011, S. 91–110). Eisenstadts (2012) letzte Stellungnahme zu dem Problem der Achsenzivilisationen hebt ihre unterschiedlichen institutionellen Formationen und ihre eigenen Entwicklungen hervor, die sich fortlaufend in unterschiedlichen Richtungen und Geschwindigkeiten veränderten, z. B. das chinesische, byzantinische und das ottomanische Imperium, instabile Königtümer und tribiale Zusammenschlüsse, z. B. im alten Israel, Verbindungen zwischen tribialen Zusammenschlüssen und Stadtstaaten, z. B. im alten Griechenland, die dezentrierte Hinduzivilisation und die imperialen feudalen Konfigurationen in Europa.

Die *erste* Achsenzeit leitete ein Differenzierung zwischen *Kultur* und *Sozialstruktur* ein, die durch das „Semantic Mapping“ reorganisiert wurde. Diese Zivilisation ist der Schlüssel für die evolutionäre Erforschung von Gesellschaften, da sie den sozio-strukturellen Durchbruch der Differenzierung eines politischen und religiösen Zentrums in der Gesellschaft herbeiführte. Dadurch wurden neue Probleme der sozialen Integration ausgelöst, die sich nicht mehr beseitigen ließen. Der strukturelle Wandel wurde durch die Verbindung von zwei Tendenzen ausgelöst:

1. Es stellte sich eine grundsätzliche Unterscheidung zwischen der *transzendentalen* und der *diesseitigen Welt,* eine Problematisierung der Konzeptionen und Prämissen der kosmologischen sowie der sozialen Ordnung durch die Zunahme der Reflexivität ein (Denken zweiter Stufe). Dies führte zu dem Problem der Überbrückung des Grabens zwischen den beiden Ebenen.
2. Die strukturbildende Differenzierung wird durch eine Tendenz der Ausbettung des sozialen Austauschs und einer Organisation des askriptiven Komplex, vor allem dem Verwandtschaftssystem und der territorialen Einbindung, eingeleitet.
3. Die Achsenzeitkulturen führten einen Schnitt in der sozial-strukturellen Evolution derart ein, dass sie einen neuen Typ von sozialen Bewegungen auslösten. Das leitete eine strukturelle Anomalie in der sozio-strukturellen Evolution ein.
4. Eisenstadt unterscheidet die erste von der zweiten Achsenzeit. Die modernen westlichen Gesellschaften werden als eine zweite Achsenzeit eingestuft.

[4]Der Begriff der „Formation“ geht auf die Geologie des 19. Jahrhunderts zurück. Zur Emergenz der Achsenzeit vgl. Bellah (2011).

Eisenstadt folgert aus seinen Untersuchungen, dass sich die Entwicklung zu einer modernen Gesellschaft nicht zwangsläufig ergaben.

Mit den Achsenzeitzivilisationen tritt in der sozio-strukturellen Evolution in der Beziehung zwischen *Handeln* (Kreativität) und *Struktur* eine Veränderung in der *Sozialstruktur* ein. Jede Konstruktion einer sozialen Ordnung, die Ausdruck der menschlichen Kreativität ist, führt zugleich Grenzen dieser Kreativität und die Wahrnehmung dieser Grenzen ein. Die Grenzverläufe werden den Gesellschaftsmitgliedern kommuniziert und symbolisiert. Daraus folgt aus Eisenstadts Sicht ein Grundproblem der sozialen Ordnung und ihrer Restabilisierung, da das Bewusstsein davon entsteht, dass die soziale Ordnung eine *Konstruktion* ist, die folglich nicht als alternativlos anzusehen ist. In diese Situation der Selbstwahrnehmung der Erfahrung der Kontingenz sozialer Ordnungsbildung ordnet Eisenstadt die Analyse des Protestes und des sozialen Wandels in der sozio-strukturellen Evolution ein. Der Schlüsselbegriff dafür sind die *freien Ressourcen.* Die soziale Evolution kann nur dann in Gang kommen, wenn Überschüsse von Ideen, Kommunikation, des Sprechens und Schreibens sowie von nutzbaren Produkten generiert werden, an die ihrerseits selektive ausgewertet werden können. An diesen Überschüssen steuert die Kommunikation nicht ohne weiteres in die Katastrophe, sondern sie hat die Chance der Selektion der Selektion durch ihre Restabilisierung. Das verweist seinerseits auf die Zeitdimension und das soziale, hoch selektive wirkende, Gedächtnis.

## 3.3 Freie Ressourcen

Die Entwicklung von freien Ressourcen und die Organisation ihrer Verteilung führte zu differenzierten und komplexen sozialen Systemen, durch welche die institutionalisierte etablierte soziale Ordnung herausgefordert wurde. In diesem Kontext analysiert Eisenstadt den Protest und den sozialen Wandel in der sozio-strukturellen Evolution und die Suche nach neuen Modellen der sozialen Ordnung, welche als Grundlage die Unterscheidung zwischen der transzendentalen Dimension und dem weltlichen Leben hatten. Dadurch emergierte eine potenziell universelle Orientierung im Unterschied zum archaischen Denken und das hierarchische Weltbild der ontologischen Ebenen der Realität, wobei die niedrigere Ebene der höheren Ebene ontologisch untergeordnet war. Dies ging damit einher, dass die leitenden Grundsätze der kosmologischen Ordnung beanspruchten, die Orientierung der Lebensführung vorzugeben.

Der harte Kern der evolutionären Differenzierung zwischen kongruenten und nicht kongruenten Gesellschaften ist, dass die Entkopplung der strukturellen und der symbolischen Dimension in der Differenzierung der *Basiseliten* besteht (Boxter Liwerant 2015). Eisenstadt folgert aus seinen Untersuchungen, dass der soziale Wandel kein natürliches Ereignis ist, nicht durch die herrschenden Ontologien der Zivilisationen sowie nicht durch die Sozialstruktur selbst ausgelöst wird, sondern durch das „Verwobensein" der kulturellen und sozial-strukturellen Dimension in konkreten Situationen. Dies betrifft aus seiner Sicht auch das Verständnis von struktureller Evolution und Geschichte. Der Begriff des „Verwobenseins" ist nicht ganz glücklich gewählt und hat kein klares analytisches Profil. Ein theoretischer Ausweg für die Systematisierung ist Unterscheidung von analytischen Kommunikations- und Handlungssystemen und faktischen sozialen Systemen sowie ihrer Interpenetrationszonen. In diesen Bezugsrahmen sind die Basiseliten einordnen.

Eisenstadt erforschte die Beziehung zwischen *Kultur* und *Sozialstruktur* als analytische Bestandteile von Kommunikationen, Interaktionen und der Kreativität der Gesellschaftsmitglieder. Die Bestandteile sind miteinander „verwoben". In dem Prozess der sozio-strukturellen Differenzierung ist eingeschlossen, dass einige Mitglieder in Positionen eintreten, die sie dazu befähigen, eine Kontrolle über andere Mitglieder durch ihre Unabhängigkeit von der askriptiven sozialen Organisation und die Verfügung über Machtmittel ausüben zu können. Dies wirkt sich sowohl in der „Tiefenstruktur" als auch in der „Verhandlungsordnung" der gesellschaftlichen Kommunikation aus. Die Verbindung zwischen beidem betrifft das Problem, wie *die kulturellen Visionen und Orientierungen in die grundlegenden Prämissen einer Zivilisation und die politische und soziale Ordnung überführt werden.* Die Prämissen spezifizieren die Beziehung zwischen der sozialen Arbeitsteilung, der Regelung des Machtgebrauchs sowie die Konstruktion von *Vertrauen* und *Sinn,* die durch unterschiedliche Eliten artikuliert und verbreitet werden.[5]

Für die soziologische Theorie folgert Eisenstadt aus diesem Problembestand der Forschung, dass die unterschiedlichen Konstellationen der Beziehung zwischen *Handeln* (Kreativität) und *Sozialstruktur* (soziale Ordnung) und die Rolle der unterschiedlichen *Eliten* der Hauptgegenstand der vergleichenden historisch-soziologischen Forschung sind. Damit beansprucht er, die Entgegensetzung von *Handlung* und *Struktur* in der soziologischen Theorie seit den 1970er Jahren zu überwinden.

[5]Eisenstadts Elitebegriff unterscheidet sich von Paretos Begriff der Zirkulation der Eliten, vgl. dazu Ben-Rafael und J. Sternberg (2005); E. Ben-Rafael und J. Sternberg heben die Forschung Eisenstadts über die Rolle der Eliten in den sozialen Kontexten und im historischen sozialen Wandel hervor.

# Problem der sozialen Ordnung 4

## 4.1 Institutionalisierung und Tiefenstruktur

Luhmann (1993) hat darauf hingewiesen, dass das von Parsons eingeführte Problem der sozialen Ordnung eine Dauerirritation des Fachs Soziologie ist:[1] Gehen wir davon aus, dass soziale Systeme auch nicht anschlussfähige Komplexität aufbauen, so kann es eine soziale Ordnung von Gesellschaft nicht geben. Die Ordnungsvorgaben im Sinne der Normierung von Erwartungserwartungen und ihre Inkraftsetzung durch formale Organisationen leiten immer auch Selbstirritationen der Kommunikationsteilnehmer ein, da Erwartungserwartungen enttäuschungsanfällig sind und sie können gerade nicht zeitunabhängig institutionalisiert werden.

Wählen wir die Institutionalisierung von Erwartungserwartungen als Problembezug, so betrifft das aus Eisenstadts Sicht das Problem der sozialen Ordnung, die Beziehung zwischen der sozialen Arbeitsteilung, der Regelung des Machtgebrauchs, von Vertrauen und Sinn, das durch unterschiedliche Mechanismen der symbolischen und institutionellen Kontrolle verwirklicht wird. Es sind dies die grundlegenden Prämissen der sozialen Ordnung, der grundlegenden institutionellen Bereiche und Formationen als die „Tiefenstruktur" einer Gesellschaft. Eisenstadt folgert daraus, dass die Organisation der Arbeitsteilung und die Marktmechanismen für die Erklärung der Konstruktion und der Erhaltung der sozialen Ordnung nicht angemessen sind. Dabei handelt es sich um eine Annahme, welche auch die Gründungsväter der Soziologie

[1] Zu den Typen sozialer Ordnung „Zwangsordnung", „Zufällige Ordnung", „Konformistische Ordnung", „Ideelle Ordnung" und der „Voluntaristischen Ordnung" vgl. Münch (1984, S. 618–622).



G. Preyer, *Struktur und Semantic Map*, essentials,
DOI 10.1007/978-3-658-14241-4_4

Durkheim und Weber teilten. Die institutionellen Prozesse und Mechanismen wirken sich auf die Struktur und somit auf die Erwartungserwartungen aus.

Eisenstadt untersucht am Leitfaden der Implementierung der Semantic Maps dieses Problem am Leitfaden der Beziehung zwischen *Struktur, Sozialstruktur* und *Handeln* (Kreativität). Die Sozialstruktur hat Voraussetzungen. Dies sind die Beschränkungen der Kreativität der Gesellschaftsmitglieder. Sie gehen zugleich mit dem Zugriff auf den Fluss der freien Ressourcen einher. Das betrifft die Machtdimension in der gesellschaftlichen Kommunikation und bei der Umverteilung der freien Ressourcen. Der Zugang zu den Ressourcen gehört zum „Kern" des Handelns. Wir erkennen daran den Handlungsbegriff Eisenstadts, da Handlungen durch die Beziehung zwischen *Handeln-Struktur* und die *Disposition über Ressourcen* (hegemonic power) konstituiert sind.

Diese Voraussetzungen bestimmen die *Struktur* des sozialen Austauschs in einer Gesellschaft.[2] Das ist der Brennpunkt der Analyse der Beziehung zwischen *Sozialstruktur* und *Handeln:*

> ▶ The preceding analysis indicates the nature of the relation between 'social structure' and 'human agency'. The preceding analysis indicated that structure is basically the specification of access to 'symbolic' and 'material' resources, of their use, and of the possibility of the conversion between such different resources, i.e. between economic resources, power and prestige, and information. Such conversion, according the different schemata, is grounded in the various code-orientations. It is the specification of these code-orientations through the interaction between elites, influential, and broader section of society that transforms some 'objective' human or natural givens into resources which can be used in social interaction. ... The construction of structure creates hegemonic power which enables the use of resources by different people, but at the same time, it also empowers all those connected to it which respect to such access. It is such access to resources that constitute the core of basis of human 'agency' (Eisenstadt 1995e, S. 359–360).

Jede soziale Ordnung und jede soziale Interaktion ist durch die symbolische Dimension der menschlichen Aktivität, insbesondere durch die grundlegende

[2]Eine besondere Funktion, auch für die Schichtungstheorie, hat bei der Analyse des allgemeinen und speziellen sozialen Austauschs der Klientelismus; zum Forschungsstandes vgl. Eisenstadts und Roninger (1995g).

kulturelle und ontologische Vision, bestimmt. Die Beschränkung der Kreativität ist durch die Struktur der Institutionalisierung und ihrer besonderen sozialen Rollen vorgegeben, welche eine Selektion von vorgestellten Möglichkeiten ist. Im Falle der charismatischen Kreativität leitet ihre Institutionalisierung ihre Veralltäglichung ein (Weber).[3] Eisenstadt untersucht diese Fragestellung seit den 1970er Jahren am Beispiel der Rolle des Protestes in der Achsenzivilisation und der Beziehung zwischen den großen Revolutionen und der westlichen Moderne (Eisenstadt 1978, 2006f).[4]

## 4.2 Strukturelle Differenzierung und Achsenzeitzivilisationen

Aus der Perspektive der soziologischen Theorie der 1950er Jahre war die evolutionäre sozio-strukturelle Analyse der politischen Imperien eine Kritik an der Systematisierung struktureller Evolution von Parsons (Eisenstadt 1963, 2006e). Sie besagt, dass die Institutionalisierung von politischen Zentren durch strukturelle Differenzierung zu erklären ist. Eisenstadts Kritik besagt, dass

1. die Institutionalisierung historisch bedingt war,
2. sie durch das Zusammentreffen von Differenzierungen abhing, die eine freie Disposition über freie Ressourcen erlaubten und
3. diese Disposition von politischen Eliten (Führer, Herrscher) vorgenommen wurde, sie ist somit kein intrinsisches Merkmal struktureller Differenzierung.
4. Die Institutionalisierung geht mit einer ihr eigenen Problematik einher, die zwischen der Errichtung der Imperien und ihrer fortlaufenden Restabilisierung besteht, z. B. der Erzeugung der Ressourcen und ihrer Kontrolle; damit geht einher, dass sich die Eliten (Herrscher) des politischen Zentrums von den traditionellen Gruppen versuchten unabhängig zu machen.
5. Die Institutionalisierung der politischen Zentren ging mit unterschiedlichen kulturellen Orientierungen einher, z. B. kulturelle Ziele in China und militärische Ziele im römischen und byzantinischen Imperium.
6. Mit dem werkgeschichtlichen Schritt von der Vergleichenden Institutionenanalyse zum Forschungsprogramm des Zivilisationsvergleichs wurden von ihm die Vergleichseinheiten seiner Hinwendung zur Untersuchung von Modernisierungs- und Entwicklungsprozessen erweitert.

---

[3]Wenn es für M. Weber ein soziales Gesetz geben sollte, so ist es die Veralltäglichung des Charisma.

[4]Zu einer Systematisierung sozialer Bewegung vgl. Münch (1995).

Jede soziale Ordnung ist nach Eisenstadt zerbrechlich, und sie hat keine intrinsische Restabilisierung in der Zeitdimension. Eisenstadt systematisiert seine Untersuchungen zur sozio-strukturellen Evolution mit der Unterscheidung zwischen „kongruenten“ und „nicht-kongruenten Gesellschaften“ und ihren unterschiedlichen Zentrumstypen und Elitekonstellationen. Wir erkennen daran, dass dies zwei strukturell unterschiedliche Mitgliedschaftsordnungen sind. Die Leitunterscheidung ist dafür das Ausmaß und die Art der „Autonomie der Eliten“ (Eisenstadt 2015). Für Eisenstadts Soziologie besteht darin der evolutionäre Einschnitt der Achsenzeitzivilisationen. Ihr Fokus ist sowohl die Analyse der strukturellen Differenzierung und die Differenzierung von unterschiedlichen Eliteaktivitäten als auch Elitekoalitionen mit verschiedenen Weltbildorientierungen und Visionen. Für das Problem der sozialen Ordnung ist dabei relevant, dass nach Eisenstadt die unterschiedlichen Achsenzeitzivilisationen ein gemeinsames Merkmal aufweisen:

1. die strukturelle Differenzierung der sozialen Arbeitsteilung und die Funktionen der charismatischen Dimension der sozialen Ordnung, welche über die Arbeitsteilung hinausreichen, gehen
2. mit einem neuen und unverwechselbaren Typus von sozialen Akteuren zusammen, den autonomen kulturellen Eliten und Intellektuellen.
3. Es ist somit im Blick zu haben, dass mit dem Leitfaden der „freien Ressourcen“ Eisenstadt den, auch gewaltsamen, Verteilungskampf zwischen den institutionellen Aktoren und sozialen Gruppen über ihre Kontrolle beschreibt. Aus der Perspektive der Anordnung der Beziehung zwischen *Struktur* und *Sozialstruktur* ordnet er den Verteilungskampf der instabilen Herrschaftsordnung der Zentrum-Peripherie Differenzierung zu. Das betrifft die latente Instabilität der Reorganisation der Schichtung zwischen dem politischen Zentrum und der Aristokratie. Er folgert daraus, dass die soziale Entwicklung der agrarischen Imperien durch die Verfügung über die freien Ressourcen begrenzt war.
4. In der Werkgeschichte Eisenstadts ist systematisch hervorzuheben, dass er mit der Untersuchung der Patron-Klient-Beziehung die Analyse der Beziehung zwischen *Handeln* (Kreativität) und *Struktur* sowie zwischen *Kultur* und *Sozialstruktur* fortführte (Eisenstadt, Roninger 1995g). Die Patron-Klient-Beziehung hat eine besondere Relevanz für die Analyse der sozialen Schichtung und der Sozialstruktur. Das ist dadurch begründet, dass sie den Austausch, also den Fluss der freien Ressourcen zwischen den sozialen Gruppen und ihren Mitgliedern strukturiert und zur Institutionalisierung des Vertrauens in die soziale Ordnung beiträgt.

Eisenstadt ordnet in den „konstitutiven basalen Bezugsrahmen“ der Beziehung zwischen *Handeln* (Kreativität) und *Struktur* sowie zwischen *Kultur* und *Sozialstruktur* die Analyse der evolutionären Rolle von Protest und Revolutionen ein. Die Beziehung in diesem Bezugsrahmen ist durch das „Semantic Map“ organisiert. Dabei nimmt er die analytische Dimension der Kultur in den Blick. Kultur ist an der Konstruktion der sozialen Ordnung beteiligt. Sie stimuliert die institutionelle Dynamik, da spezifische Aspekte der Kultur in die konstitutiven Bestandteile der sozialen Ordnung überführt werden. Die Verbindung zwischen *Kultur* und *Struktur* wird durch die Aktivitäten der Eliten vorgenommen. Durch diesen Vorgang wird der Bestandteil *Kultur* mit den institutionellen Formationen und ihren Veränderungen verbunden. Deshalb ist die Analyse derjenigen sozialen Bewegungen relevant, die an dem Strukturwandel beteiligt sind. Anzumerken ist dazu, dass der Kulturbegriff in der existenziellen Verfassung im Semantic Map verankert ist. Damit mag man Probleme haben, da er dadurch die Selbstbeschreibung der gesellschaftlichen Kommunikation verdeckt.

## 4.3 Kritische Anmerkung

Als Folgeproblem ist rückblickend für die Analyse der strukturellen Evolution die Problemstellung festhalten, dass zwischen der Zentralisierung einer Gesellschaft und den Ordnungsprogrammen (Beziehung *Kultur – Sozialstruktur*) zu unterscheiden ist. Diese Unterscheidung ist im Unterschied zu Eisenstadts Ansatz strenger zu treffen. Das betrifft auch die Funktionszuweisung in der gesellschaftlichen Arbeitsteilung. Eine politische Hierarchie ist diesbezüglich ein Grenzfall, da sie als organisiertes Zentrum nicht alle Funktionen der Reproduktion und damit der Erhaltung einer Gesellschaftsstruktur in der Zeit erfüllen kann. Die kongruenten Gesellschaften, z. B. „archaische Gesellschaften“, verfügen über keine funktionale Differenzierung politischer Entscheidungen und diese Funktionsdifferenzierung ist jenseits ihres Vorstellungshorizonts. Sie haben jedoch eine Autoritätsordnung im Hinblick auf die Statusfunktion der Basiseliten.

Für die Analyse der evolutionären Relevanz der Zentrum-Peripherie-Differenzierung stellt sich das Problem ihrer evolutionären Innovation in der durch sie etablierten Sozialstruktur. Luhmann (1997, S. 663–678) hebt bei der Zentrum-Peripherie-Differenzierung hervor, dass Städte und Großimperien Anwendungsfälle dieser Differenzierung sind. Die Differenzierung ist durch die Stratifikation gestützt. Daraus folgt, dass sie auch im Konfliktfall mit dem Adel vom ihm abhängig bleibt. Luhmann fasst den Begriff des Imperiums durch die Erweiterung der Kommunikationschancen. Die Differenzierung hat das

Strukturproblem der Diffusion und der Kontrolle, sowohl der Peripherie als auch der Elite im Zentrum selbst. Sie ist von der Anlage her instabil, z. B. Kontrolle der Aristokratie und Eintreibung von Tributen.

Luhmanns (1997, S. 678–679) evolutionäre Einordnung der Zentrum-Peripherie-Differenzierung geht dahin, dass die Differenzierungsform sich nicht innovieren kann, da ihre evolutionäre Grenze in der „Variation im Rahmen der stabilisierten Ungleichheiten, aber nicht zu einem Übergang zu einer prinzipiell anderen Form der Differenzierung" besteht. Eine veränderte evolutionäre Ausgangslage liegt erst in der Geschichte der westlichen Gesellschaften im „frühen Europa" vor, in der sich eine multiple Konstitution des „Systems der modernen Gesellschaften" (Parsons) „unter dem Schutzschild der alten Differenzierungsformen" einstellte (Luhmann 1997, S. 678). Aus Eisenstadts Sicht betrifft das die Einordnung der „Großen Revolutionen" in die Gesellschaftsgeschichte der Moderne und die damit einhergehenden „Regimeinbrüche". Sie sind als ein „Zusammenspiel von strukturell-zivilisatorischen Bedingungen und historischer Kontingenz, wodurch die großen Revolutionen erst hervorgebracht werden konnten, ... in der Geschichte der Menschheit eine Ausnahme geblieben" (Eisenstadt 2006f, S. 53).

## 4.4 Folgerung

Die gegenwärtige Systemtheorie geht davon aus, dass soziale Ordnung kontingent entsteht. Wir können das so ausdrücken: Die Differenzierung sozialer Systeme beruht auf einer Interdependenzunterbrechung von System und Umwelt sowie der fortlaufenden Aufrechterhaltung dieser Differenz. Dabei ist vorausgesetzt, dass die Umwelt nicht zu fein-, aber auch nicht zu grobkörnig verfasst ist. Insofern sprechen die Systemtheoretiker von einer „order-from-noise" (H. von Foerster). Das erfordert eine Selbstkonditionierung und Selbstbeobachtung sozialer Systeme. Systeminterne Optionen bzw. Möglichkeiten beruhen deshalb auf einer Selbstselektion und damit auf der Aufrechterhaltung der Innen-Außen-Differenzierung. Sie versteht sich nicht von selbst, sondern ist fortlaufend zu restabilisieren. Das hat weitgehende Folgen für die Grundbegriffe der Theorie sozialer Systeme, da die aus dem 19. Jahrhundert stammenden Unterscheidungen, wie z. B. Bestand, Anpassung und Veränderung vom Einfachen zum Komplexen, sich nicht dazu eignen, die Strukturbildung sozialer Systeme zu beschreiben. Daraus sind theoretische Folgerungen für die Protosoziologie sozialer Systeme zu ziehen, da sie sich durch Mitgliedschaftsselektion selbstkonstituieren. Sie leitet die Reinterpretation von Eisenstadts Semanic Map ein. Für das Problem der sozialen Ordnung heißt das, dass die Reproduktion von Mitgliedschaft, ihre Operationalisierung und Kommunikation sowohl die Freiheitsspielräume als auch ihre Einschränkung in sozialen Systemen selektiv restrukturiert. Angesprochen ist dabei das Problem der pattern variable „Freiheit versus Zwang“ (Parsons) und die Sozialisation von Indifferenz.

Eisenstadt hat mit der Systematisierung der strukturellen Variation der Evolution von Gesellschaften am Leitfaden des Semantic Map ein Forschungsprogramm für die Analyse sozialen Wandels eingeführt. Die sozio-strukturellen Veränderungen von Gesellschaften, die aus seiner Sicht nicht abgeschlossen sein können, sind durch die Konstruktion der *Conditio Humana* bedingt. Das betrifft die kosmologischen und ontologischen Überzeugungssysteme, die alle Gesellschaften und Kommunikationen dominieren.

Das Ergebnis von Eisenstadts Forschungen ist eine neue Analyse der Beziehung zwischen *Kultur* und *Sozialstruktur*. Die Analyse dieser Beziehung betrifft die soziologische Analyse von sozialer Ordnung, da er sozio-strukturelle Evolution gleichzeitig als einen Vorgang der „Ordnungserhaltung“ und der „Ordnungstransformation“ beschreibt (Eisenstadt 1992). Kollektive Identitäten, Institutionen und Organisationen sind solche Beschränkungen, die sich im sozialen Wandel fortlaufend auf den Ebenen der strukturellen Evolution reproduzieren. Diese Identitäten sind codiert durch die Mitgliedschaftsbedingungen in sozialen Systemen. Die kollektiven Identitäten der Mitglieder sozialer Systeme sind aus Eisenstadts Sicht keine natürlichen Eigenschaften, sondern es handelt sich dabei um Konstruktionen und um imaginative Entitäten. Die kollektiven Identitäten der Gesellschaftsmitglieder, ihre Konstruktion und Reinterpretation sind das Verbindungsglied zwischen *Struktur, Kultur* und *Sozialstruktur*. Sie konstituieren die Manifestation der sozialen Ordnung, der charismatischen Aktivität und sind auf die grundlegende Ontologie ausgerichtet.

Eisenstadt stimmt den analytischen Bezugsrahmen forschungsprogrammatisch auf die Beziehung zwischen Handeln, kulturellen Visionen, institutionellen Regelungen und historischer Kontingenz ab. Es geht ihm darum, einen Bezugsrahmen für die Analyse von „allen Gesellschaften“ auszuweisen, in denen sich diese Vorgänge auf unterschiedliche Weise und in unterschiedlichen Konstellationen ereignen. Sie sind der Untersuchungsgegenstand der Vergleichenden Zivilisationsforschung. Die Analyse der westlichen modernen Gesellschaften belegt aus Eisenstadts Sicht *nicht* die ganze Breite, sondern nur *einige* dieser Problemstellungen des von ihm elaborierten Bezugsrahmens der Analyse der sozio-strukturellen Evolution von Gesellschaften. Das verweist darauf, dass das Ordnungsproblem, die strukturelle Differenzierung und die Mitgliedschaftsselektion, die nicht zu perfektionieren sind. Soziale Ordnung bleibt kontingent. Wir können hinzufügen, dass sie aber zugleich hyperstabil ist, da es gesellschaftliche Kommunikation ohne Ordnungsvorgaben nicht geben kann.

Das Problem verschärft sich in der Analyse der Gegenwartsgesellschaften. Bei der Bearbeitung dieses Problems sollten wir uns bewusst sein, dass jede Erforschung der gesellschaftlichen Kommunikation und ihrer Ordnungsbildung in der Gesellschaft stattfindet und den damit einhergehenden Horizont nicht überschreiten kann. Der Horizont wandert mit. Der Soziologe nimmt somit keinen Standpunkt außerhalb der Gesellschaft ein. Das schließt jedoch eine neutrale und kognitive Einstellung zu ihrem Gegenstandsbereich nicht aus. Es stellt sich somit die Frage, ob dieser Zirkel der Gegenstandskonstitution der soziologischen Theorie, die ihren Gegenstand rekursiv voraussetzt, unterbrochen werden kann? Das gilt auch dann, wenn wir keine Ursprungsfragen stellen.

# Mitgliedschaftstheorie 5

## 5.1 Mitgliedschaft als strukturelle Voraussetzung

Eisenstadts allgemeine Soziologie legt eine mitgliedschaftstheoretische und mitgliedschaftssoziologische Reinterpretation nahe (Preyer 2012–2013). Dazu ein Hinweis, da die Mitgliedschaftstheorie für die Fortschrift zum „Third Research Program of Multiple Modernities, Membership, and Globalization 2016“ (Preyer und Sussman 2016a, b; Preyer 2016a, b) relevant ist. Das geht mit einem Perspektivenwechsel von einer immanenten zu einer transzendenten Einstellung auf seine Soziologie einher. Der immanente Leitfaden für den Einstellungswechsel ist dafür die von Eisenstadt angeordnete Beziehung in dem „konstitutiven basalen Bezugsrahmen“ zwischen *Handeln* (Kreativität) und *Struktur* sowie *Kultur* und *Sozialstruktur*. Dazu bedarf es des Umbaus von Eisenstadts Fassung der System-Umwelt Beziehung. Angesprochen ist damit die Beziehung zwischen der „Offenheit (Unbestimmtheit d. V.) des biologischen Programms“, der „general propensities of human beings“, der konkreten Spezifikation dieser „propensities“ und der „Besetzung des offenen Raums“.

Die Beziehung zwischen *Handeln* (Kreativität) und *Struktur* beschreibt die Mitgliedschaftssoziologie als die Selbstkonstitution sozialer Systeme durch die Entscheidung über Mitgliedschaft und ihre Operationalisierung als Teilnahmebedingung an Kommunikationssystemen. Kommunikationen sind deshalb als Handlungen des jeweiligen Handlungssystems zu „flaggen“ (Luhmann 1984, S. 226). Sie sind als Einzelhandlungen Selektionen und Zuschreibungen der Selbstbeobachtungen der Mitglieder sozialer Systeme. Handlungen sind deshalb sozial zu kennzeichnen, um für eine Kommunikation relevant zu sein (Luhmann 1984, S. 228–230). Insofern ist die Handlungstheorie Eisenstadts kommunikationstheoretisch zu reinterpretieren. Seine Handlungstheorie



G. Preyer, *Struktur und Semantic Map*, essentials,
DOI 10.1007/978-3-658-14241-4_5

orientiert sich zu sehr an dem Aktor-Situation-Orientierung-Modell (Parsons) als Hintergrundtheorie. Deshalb ist eine Transformation seiner theoretischen Soziologie einzuleiten. Der von ihm ausgezeichnete „konstitutive basale Bezugsrahmen" und die Voraussetzungen der Mitgliedschaft in sozialen Systemen betrifft aus mitgliedschaftstheoretischer Sicht die Codierung von Mitgliedschaftsbedingungen, ihre informelle und formelle Regelung sowie die Autoritätsordnung. Jede Mitgliedschaftsordnung beruht auf einer Autorität (Instanz), die über die Teilnahme an Kommunikationen entscheidet. Diese Autoritätsordnung wird durch die Basiseliten und ihre Koalitionen implementiert.

Fragen wir nach dem Bereich des Sozialen und seiner Ontologie, so gehen wir von einem Beobachter (Interpreten) aus. Dieser Beobachter steht seinem Bereich nicht nur gegenüber, sondern er gehört zu diesem Bereich. Wir gehen davon aus, dass es diesen Bereich nur geben kann, wenn es einen Beobachter gibt. Insofern gehört, im Unterschied zu den modernen Naturwissenschaften – abgesehen von der Quantenphysik –, der Beobachter mit zum Bereich der Soziologie. Das schließt es nicht aus, dass er auch eine distanzierte Einstellung zu ihm einnehmen kann. Es betrifft dies die grundsätzliche Unterscheidung zwischen ontologischer und erkenntnistheoretischer *Objektivität* und *Subjektivität*. Ein Bereich kann z. B. ontologisch subjektiv sein, das heißt aber nicht, dass wir keine objektiven Aussagen über ihn aufstellen können.

Unser Alltag, in dem wir Erleben und Handeln, hat immer einen sozialen Rahmen, den wir durch Kommunikation reproduzieren. Er hat auch ein systemisches Emergenzniveau über das die Kommunikationsteilnehmer nicht disponieren können. Wir können das auch so darstellen, dass er Systemalltag ist, in dem wir uns vorfinden und der uns nur teilweise intentional bewusst ist. Jede Kommunikation und Handlung hat Präkonditionen/Dispositive (Vorentscheidungen, Voraussetzungen unterschiedlicher Art). In diesem Rahmen sind unsere Kommunikationen strukturell determiniert, d. h. sie orientieren sich an der Abstraktion der Regelmäßigkeiten von Erwartungen. Ein System ist strukturdeterminiert, wenn es in seinem eigenen Bereich mit Unterscheidungen operiert, z. B. mit der Unterscheidung Mitglied/Nicht-Mitglied, Anschlussfähig/nicht-anschlussfähig. Insofern untersucht eine Protosoziologie strukturdeterminierte Systeme und Ordnungen.

Soziale Systeme sind durch die Erfüllung von Mitgliedschaftsbedingungen als Voraussetzung selbstbestimmt, die besondere Anforderungen an die Mitgliedschaft und die Teilnahme an Kommunikationssystemen stellen. Das ist die Bruchstelle, die eine strukturelle Differenzierung von sozialen Systemen von ihrer nicht erreichbaren nicht-sozialen Umwelt herbeiführt. Die Erfüllung ist in der Kommunikation in sozialen Systemen beobachtbar und betrifft die an ihre Mitglieder gerichteten Erwartungen unter dem Gesichtspunkt der Strenge der Normierung der systemtypischen Regelung.

## 5.2 Mitgliedschaftstheoretischer Umbau des Semantic Map

Eisenstadt thematisiert die Struktur der Begrenzung von *Handeln* (Kreativität) der Mitglieder sozialer Systeme durch *Grundregeln*. Diese Regeln bestehen in den Erwartungserwartungen und ihrer Projektion als Orientierungen der Teilnehmer an Kommunikationen, die enttäuschbar sind.[1] Die innere Unbestimmtheit der Fortführung von Kommunikation ist insofern als Selbstirritation sozialer Systeme durch die Offenheit der Entscheidung über Mitgliedschaftselektionen zu interpretieren. Diese Entscheidung ist durch die Zeitdimension dominiert und Mitgliedschaft ist in der Zeit zu markieren. Insofern ist die Zeitdimension der räumlichen Situierung sozialer Systeme vorzuordnen.[2] Das schließt andere Beobachtungen nicht aus, und daraus ist nicht zu folgern, dass die Zeitdimension die System-Umwelt Beziehung und die Ereignisbindung von Kommunikation in sozialen Räumen negiert. Die Zeitdimension ist in Systemzeiten mit den ihnen typischen Zeitvorgaben in der Zeit kleinzuarbeiten, z. B. Wahlperioden, Wirtschaftszyklen und Lebenszeiten von Produkten, aber auch die Mitgliedschaftsgeschichten, die wir als Karrieren und Biografien beschreiben. Die Sichtweise Eisenstadts ist dadurch begründet, dass im Falle der nicht-funktionalen Differenzierungen die Populationen an räumliche Gegebenheiten gebunden waren, obwohl es auch bei diesen Mitgliedschaftsordnungen eine Mobilität gab. Strukturprobleme wurden zudem mit Rollenanhäufungen gelöst. Das hat sich erst bei der funktionalen Differenzierung geändert. Eisenstadts Strukturtheorie sozialer Systeme und kollektiver Identitäten ist jedoch an die Mitgliedschaftssoziologie anschlussfähig, da für beide Ansätze im Hinblick auf die allgemeine Theorie gilt, dass die Mitgliedschaftsentscheidung als eine strukturelle Selektion keine Resonanz in der nichtsozialen Umwelt sozialer Systeme hat.

Es ist noch auf ein mehr grundsätzliches Problem hinzuweisen. Das betrifft den Institutionenbegriff. Wir sollten zwischen der meist schriftlich festgelegten

[1]Zu der Unterscheidung zwischen kognitiven und kontrafaktischen Erwartungen vgl. Luhmann (1972, S. 40–53).

[2]Zu dem Problem der räumlichen Situierung sozialer Systeme in der Systemtheorie Luhmanns vgl. R. Stichweh (2000).

Regelung von Mitgliedschaft in formalen Organisationen, Institution und Institutionalisierung unterscheiden. Eisenstadt hat im Zuge der Hinwendung von der Institutionenanalyse zur Zivilisationsforschung den Begriff der Institution der Sozialanthropologie durch den Begriff der Institutionenbildung (Institutionalisierung) abgelöst und auf die institutionellen Unternehmer und die charismatische Dimension spezifiziert (Preyer 2011, S. 131–137). Aus seiner Sicht fehlt bei Weber und Durkheim die Analyse der „institutionellen Mechanismen", die eine soziale Ordnung verbinden und damit restabilisieren. Das Hintergrundproblem im Hinblick auf die allgemeine Soziologie ist der Institutionenbegriff insofern, da er oft analytisch unbestimmt bleibt und von Konsensunterstellungen der Mitglieder der sozialen Einheit ausgeht. Es empfiehlt sich Luhmanns Vorschlag zu erinnern. Er geht davon aus:

> Im großen und ganzen müssen normative Erwartungen so dirigiert werden, dass sie Erfolg haben können. Den Komplex von Mechanismen, der dies bewirkt, wollen wir unter dem Begriff der Institutionalisierung von Verhaltenserwartungen erörtern. Damit soll der Umfang bezeichnet werden, in dem Erwartungen auf unterstellbare Erwartungserwartungen Dritter gestützt werden können.
>
> Der Zuschauer ist ein konkret fassbarer Dritter, seine Einstellung kann schwankend und beeinflussbar, mit der konkreten Situation modifizierbar sein. Ihm allein kann man die Institution daher nicht anvertrauen. Es sind vielmehr die unbekannten, anonymen Dritten, deren vermutete Meinung Institution trägt. Die unmittelbaren Zuschauer fungieren nur als Organe des Herrn, der sich nie zeigt. Vor allem aber liegt schon darin ein Problem, Dritte überhaupt als Zuschauer, das heißt für aktuelles Miterleben und Meinungskommunikation zu gewinnen. Bewusste Aufmerksamkeit ist knapp. Die Dritten haben anderes zu tun.
>
> Der Institutionenbegriff hat, so gefasst, sein spezifisches Merkmal nicht im sozialen Zwang, nicht in der Normalität des Erwartens, obwohl er keines der dieser Merkmale ausschließt. Seine Funktion beruht auf einer angebbaren Verteilung von Verhaltenslasten und Risiken, die die Erhaltung einer eingelebten sozialen Reduktion wahrscheinlich macht und gewissen Normprojektionen absehbar bessere Chancen gibt (Luhmann 1972, S. 64–65, 66, 69, zu alternativen Institutionenbegriffen 65, FN 73, zum Institutionenbegriff in der deutschen Soziologie Krawietz 2015).

Wir erkennen daran, dass formale Organisation die Erwartungen verallgemeinern, die nicht an bestimmte Einstellungen der Mitglieder gebunden sind und „Konstellationen von Folgeproblemen" der Restabilisierung des Kommunikationssystem für seine Teilnehmer mit sich führen. Damit geht eine gesteigerte Selektivität und Verkettung von Selektionen einher, die von den Mitgliedern von formalen Organisationen oft schwer zu handhaben ist, da die Problemlösungen ihrerseits wiederum nur durch formale Regelungen, den Stellenaufbau und die Zeitdimension zu restabilisieren sind. Die unfreundliche Einsicht geht dahin, dass dadurch die Exklusion der Mitglieder verstärkt wird.

Aus mitgliedschaftstheoretischer Sicht ist an der Konstruktion des Semantic Map eine Modifikation vorzunehmen. Es ist nicht vorrangig die Definition der kosmologischen Ordnung, mit welcher der *erste Pol* zu besetzen ist, sondern die evolutionäre Etablierung der Mitgliedschaftspositionen, die den Lebensweg in der jeweiligen Gesellschaft festlegen. Die gesellschaftliche Selbstbeschreibung durch Kosmologien betrifft die Ideenevolution, die wir den Differenzierungsformen zuzuordnen sind (Luhmann: Semantik und Sozialstruktur). Eine Mitgliedschaftssoziologie kann das Problem der existenziellen Selbstwahrnehmung (Eisenstadt: construction of meaning, reflectivity, Luhmann: refexive Mechanismen) als Beitrag zur Analyse der Ideenevolution aber ernst nehmen, da mit der Beobachtung der System-Umwelt-Unterbrechung die Selbstbeschreibung der System-Umwelt-Differenz angesprochen ist.

Der *zweite Pol* ist aus mitgliedschaftstheoretischer Sicht durch den Kampf um Mitgliedschaftspositionen (Statuspositionen) zu reinterpretieren. Das ist die Fortführung von Darwins Evolutionstheorie des Kampfes um knappe Plätze in der Evolution der Arten und der Kampf um die Nutzung knapper Güter in der Gegenwartsgesellschaft, die gerade nicht egalitär zu regeln ist. Eisenstadt ordnet die Beziehung zwischen *Macht, Vertrauen* und *Sinn* als Implementierung der Semantic Maps aus der Sicht des Machtmedium aus an, da die Interpretation der Differenzierung der symbolischen Dimension und ihre Implementierung durch Basiseliten erfolgt und soziale Ordnung auf souveräner Macht beruht. Eisenstadt systematisiert dieses Problem durch die Neufassung der Beziehung zwischen *Kultur* und *Sozialstruktur* sowie die soziale Ordnungsbildung durch die Ordnungserhaltung und Ordnungstransformation von Kultur. Eisenstadt hat jedoch eine Mitgliedschaftssoziologie, da die Konstruktion des Heiligen (Zentrum) durch Basiseliten für die Kommunikation des *Sinns* des Lebenswegs in einer Gesellschaft zuständig ist. Das betrifft die Einordnung der souveränen Macht der Statuspositionen, die mitgliedschaftstheoretisch als die Entscheidung über Mitgliedschaft zu interpretieren ist. Das gilt unabhängig davon, wem sie zugeschrieben wird. Das können z. B. Clanchefs und ihre Erzwingungsstäbe, formale

Organisationen und ihre Zwangsmittel, aber auch geheime Autoritäten und ihr Einfluss sein. Daran kann die Mitgliedschaftssoziologie anschließen, da Mitgliedschaftsbedingungen in der sozio-strukturellen Evolution in der Folge der Disposition über freie Ressourcen reinterpretiert und differenziert institutionalisiert wurden. Die beiden evolutionären sozio-strukturellen Differenzierungsformen sind die Differenzierung durch die soziale Stratifikation gegenüber dem Verwandtschaftssystem und die Inklusions-Exklusionsordnung funktionaler Differenzierung gegenüber der sozialen Stratifikation. Es betrifft dies die Position der Basiseliten in der Sozialstruktur und der Organisation der Arbeitsteilung.

Angesprochen ist damit die von Eisenstadt anvisierte Offenlegung einer „Tiefenstruktur" der Überführung der grundlegenden Prämissen einer Zivilisation in die politische und soziale Ordnung, die einer mitgliedschaftssoziologischen Beschreibung zugänglich ist. Dazu ist aber das Semantic Map durch eine mitgliedschaftstheoretische Reinterpretation der System-Umwelt-Relation neu zu fassen.

Ein anderer Punkt betrifft Eisenstadts Aufnahme von Webers Legitimationsproblem in seine Soziologie, dem er durch die souveräne Macht der Statusfunktionen im Zuge der Implementierung des Semantic Map eine variierte Deutung gibt. Das Legitimationsproblem wird immer wieder überschätzt, da das politische System die Funktion hat, kollektiv verbindliche Entscheidungen zu fällen und alle Entscheidungen durch formale Organisation und Ermächtigungsregelungen in der System-System Beziehung zu implementieren sind, z. B. der Einsatz der Schusswaffe ist durch das Polizei- und Ordnungsrecht als Teil des Verwaltungsrecht geregelt. Die Legitimation ist dem nachgeordnet und eine Rhetorik auf dem Markt der politischen Parteien. Sie scheitern an der Komplexität der gesellschaftlichen Kommunikation.

## 5.3 Vertrauen und selbst erzeugte Unbestimmtheit

Das Problem des Vertrauens verweist seinerseits auf eine mitgliedschaftstheoretische Reinterpretation, da Vertrauen nur durch die Ausschaltung der doppelten Kontingenz in Kommunikationen und durch Mitgliedschaft in sozialen Systemen zu gewähren ist. Vertrauen ist nicht erzwingbar. Es besteht in einem Vertrauensvorschuss, der enttäuscht werden kann. Die Kontingenzausschaltung kann ihrerseits nur durch die Mitgliedschaft in formalen Organisationen oder durch starke Bindungen in sozialen Systemen sichergestellt werden, z. B. durch Verwandtschaftszugehörigkeiten und Freundschaftsbeziehungen. Sie sind bei hoher Mobilität auch verstärkt Enttäuschungen ausgesetzt. Das belegen z. B. die steigenden Scheidungsraten. Die starken sozialen Bindungen fallen in den Bereich der primären sozialen Systeme und der symbiotische Beziehungen. Von ihnen gehen strukturelle Konflikte aus, da sie die Mitglieder stark über einen langen Zeitraum in ihrer Nahwelt binden. Sie sind schwer durch Moralisierung regelbar, z. B. die symbiotischen Mechanismen der Bedürfnisbefriedigung, Sexualität und Gewaltanwendung.

Die von Eisenstadt ausgezeichneten Grundregeln der Kontingenzausschaltung als Kommunikationsvoraussetzung der Mitglieder sozialer Systeme sind somit nach bestimmten Mitgliedschaftsordnungen zu differenzieren. Das gilt vor allem bei der durch funktionale Differenzierung herbeigeführten hohen und undurchsichtigen Komplexität von Gesellschaft als Mitgliedschaftssystem. Wenn wir Eisenstadts Gesellschaftsbegriff heranziehen, so sind Gesellschaften als Mitgliedschaftsordnungen zu bestimmen. Die Grundregeln regulieren aber nicht die gesellschaftliche Kommunikation aller sozialen Funktionssysteme, da z. B. die Funktionssysteme der Wirtschaft, der Wissenschaft, des Rechts, der Religion und der Politik eigenständige Achtungsmärkte institutionalisieren. Eisenstadt spricht diesbezüglich von Sektoren. Das verweist auf die Unbestimmtheit, Offenheit und Unabgeschlossenheit der gesellschaftlichen Kommunikation und ihrer Ordnungsbildung zurück. Diese Differenzierung schließt jedoch nicht aus, dass die Mitglieder der differenzierten sozialen Systeme ihre Selbstachtung nicht leichtfertig aufs Spiel zu setzen bereit sind. Damit gehen für die einfachen Interaktionssysteme entsprechende Ausgleichsrituale einher, um kommunizierte Differenzen zu entschärfen. Die Versionen der Imagepflege sind aber nicht allgemeingültig, sondern von der Mitgliedschaft in besonderen sozialen Systemen und des jeweilig geltenden Prestiges bestimmt (Goffman 1971). Insofern sollten wir von einer Differenzierung von Achtungsmärkten ausgehen, die den Vertrauensvorschuss ihrer Teilnehmer regeln.

Wir können aber noch einen Schritt weiter gehen. Angesprochen ist damit ein allgemeines Problem der gegenwärtigen soziologischen Theorie. Dies betrifft die Neufassung der Theorie sozialer Integration. Eisenstadts Sicht auf die strukturelle Evolution geht dahin, dass die evolutionäre Universalie des Semantic Map als der „konstitutive basale Bezugsrahmen" sich auf allen Ebenen der strukturellen Evolution reproduziert. Die soziale Ordnung ist aus dieser Sicht immer fragil. Insofern ist sie nicht zu perfektionieren. Wir können diesen Zusammenhang als den Kampf um Mitgliedschaft und die Besetzung sozialer Statuspositionen, aber auch geopolitischer Optionen, interpretieren, der sich auf den unterschiedlichen Ebenen der sozio-strukturellen Evolution reproduziert. Protest wäre dann als ein Immunereignis sozialer Systeme einzustufen (Luhmann 1984, S. 536–538).

Die Reinterpretation und Institutionalisierung von Mitgliedschaftsbedingungen ist aus mitgliedschaftssoziologischer Sicht als eine fortlaufende *Strukturation* durch die Verteilungskämpfe der sozialen Gruppen zu interpretieren. Dabei handelt es sich um einen Vorgang, der sich z. B. in der westlichen Gegenwartsgesellschaft im Zuge des Umbaus des westlichen Wohlfahrtsstaats als der Kampf der Statusgruppen um den „Fluss der freien Ressourcen“ gut belegen lässt. Er leitet eine neue Inklusions- und Exklusionsordnung ein (Münch 2009).

Die Neufassung der Theorie sozialer Integration nimmt einen anderen Blick auf das Problem der Beziehung zwischen *Macht, Vertrauen* und *Sinn* vor. Soziale Systeme versetzen sich strukturell und fortlaufend in den *Zustand der selbst erzeugten Unbestimmtheit.* Insofern kann es keine soziale Ordnung ohne die Selbstirritation sozialer Systeme geben. Das können wir aber nur dann angemessen theoretisch beschreiben, wenn wir davon ausgehen, dass soziale Systeme und Mitgliedschaft von der Zeitdimension dominiert sind. Die Mitgliedschaftselektion als Selbstkonstitution sozialer Systeme fällt nicht nur in die Zeit, sondern ist selbst zeitlich bestimmt. Sie ist die elementare Statusfunktion, deren Indikation beobachtungsabhängig ist. Es betrifft das nicht nur die Theorie der Korporation bzw. die formalen Organisationen, sondern die allgemeine Theorie sozialer Systeme. Hier liegt ein Anschluss an Eisenstadts Analyse der inneren Unbestimmtheit der Fortführung von gesellschaftlicher Kommunikation und der Fragilität sozialer Ordnung nahe. Das schließt nicht aus, dass soziale Systeme ihre Interdependenzen nutzen, sie können aber auch in einen nicht mehr zu regulierenden Drift geraten und in einer Katastrophe enden.

In den Blick sind damit die Negationsspielräume der sozialen Systeme zu nehmen. Das bedeutet, dass solche begrenzten Negationen eine Kohäsion in sozialen Systemen herbeiführen. Sie wird durch die Beobachtung, die Interessen, die Ambivalenzen der Kommunikationsteilnehmer und die Bewältigung der Folgeprobleme der jeweiligen Problemfelder mit verursacht. Diese Zustände lösen die Selbstbeobachtung der gesellschaftlichen Kommunikation aus und veranlassen unter günstigen Umständen das erforderliche Lernen im Umgang mit der inneren Unbestimmtheit der gesellschaftlichen Kommunikation und der Zerbrechlichkeit der sozialen Ordnung im Hinblick auf die Begrenzung von weitgehenden Schädigungen der davon Betroffenen. Für die soziologische Theorie ist bei der Systematisierung dieser Zusammenhänge hervorzuheben, dass ihre Erkenntnisgewinnung davon abhängt, wo sie den Beobachter (Interpreten) positioniert.

Wir sollten bei der theoretischen Beschreibung des Problems der sozialen Ordnung davon ausgehen, dass der Kampf über den Fluss der freigesetzten, aber knappen, Ressourcen zu keinem Ende kommt. Das gilt auch für die Weltgesellschaft als Gesellschaft von Gesellschaften. Wir haben mittlerweile Belege dafür, dass wir nicht mehr in einer „guten Gesellschaft“ leben, wie es der deutsche

Soziologe Hondrich (2001a) in seinen Studien zur Gegenwartsgesellschaft im Hinblick auf den deutschen Sozialstaat, seine Restrukturierung und Erneuerung hervorgehoben hat. Dies ist auch für die kommende Modernisierung der Weltgesellschaften lehrreich. Gesellschaftliche Kommunikation wird sich dabei aber nicht perfektionieren lassen. Zu erinnern ist auch G. Simmels Einsicht, dass negative Integration und Konflikt stark bindet, aber auch an Durkheim, dass der Statuskampf, d. h. den Fluss der Steuerung der freien Ressourcen, durch Migration, Krieg, Suizid oder durch Spezialisierung einer Lösung zugeführt werden kann. Die knappen Güter werden aber ein nicht zu beseitigendes Problem bleiben. Das verweist auf das von Eisenstadt identifizierte grundsätzliche Integrationsproblem in der sozio-strukturellen Evolution zurück. Evolution ereignet sich und hat ein emergentes Niveau, das keinem Gesellschaftsmitglied, keinem sozialen System, keiner Gruppe und keiner formalen Organisation zur Disposition steht. Damit leiten wir ein anderes Verständnis der Gegenwartsgesellschaft ein.

# Literatur


Arnason, J. P. (2005). The axial age and its interpreters. Reopening a debate. In Arnason, Eisenstadt, & Wittrock (Hrsg.), *Axial civilizations and world history* (S. 19–49). Leiden: Brill.

Arnason, J. P., Eisenstadt, S. N., & Wittrock, B. (Hrsg.). (2005). *Axial civilizations and world history*. Leiden: Brill.

Axford, B. (2013). *Theories of globalization*. Cambridge: Polity.

Bellah, R. (1957). *Tokugawa Religion: The values of pre-industrial Japan*. Glencoe: Free Press.

Bellah, R. (2005). What is axial about the axial age? *European Journal of Sociology, 46,* 69–89.

Bellah, R. (2011). *Religion in human evolution. From the paleolitico to the axial age*. Harvard: Harvard University Press.

Ben-Rafael, E., & Sternberg, Y. (2005). Social change: Contribution of S. N. Eisenstadt. In G. Ritzer (Hrsg.), *Encyclopaedia of sociology: Bd. 9* (S. 4370–4374). Oxford: Wiley.

Black, C. E. (1966). *The dynamics of modernization. A study in comparative history*. New York: Harper & Row.

Bokser-Liwerant, J. (2016). Thinking multiple modernities from latin America's perspective: Complexity, periphery and diversity. In G. Preyer & M. Sussman (Hrsg.), *Varieties of multiple modernities* (S. 177–205). Leiden: Brill.

Burkart, G., & Runkel, G. (Hrsg.). (2004). *Luhmann und die Kulturtheorie*. Frankfurt a. M.: Suhrkamp.

Eisenstadt, S. N. (1963). *The political systems of empires*. New York: Free Press of Glencoe.

Eisenstadt, S. N. (1971a). *Social differentiation and stratification*. Glenview: Scott Foresman.

Eisenstadt, S. N. (1971b). The embedment of the political in social structure in primitive societies. In Eisenstadt (Hrsg.), *Political sociology* (S. 77–83). New York: Basic Books.

Eisenstadt, S. N. (1978). *Revolution and the transformation of societies*. New York: Free Press.

Eisenstadt, S. N. (1982). The axial age. The emergence of transcendental visions and the rise of clerics. *European Journal of Sociology, 23,* 294–314.





G. Preyer, *Struktur und Semantic Map*, essentials,
DOI 10.1007/978-3-658-14241-4

Eisenstadt, S. N. (1986a). A sociological approach to comparative civilizations: The development and directions of a research programm. The Harry S. Truman research institute for the advancement of peace, Department of sociology and social anthropology, Jerusalem, rep. *ProtoSociology, 2004*(24), 260–317.

Eisenstadt, S. N. (Hrsg.). (1986b). *The origins and diversity of axial age civilizations.* New York: State University of New York Press.

Eisenstadt, S. N. (Hrsg.). (1987a). *Kulturen der Achsenzeit I. Ihre Ursprünge und ihre Vielfalt.* Frankfurt a. M.: Suhrkamp.

Eisenstadt, S. N. (1987b). Macrosociology and sociological theory: Some new dimensions. *Contemporary Sociology, 16,* 602–609.

Eisenstadt, S. N. (1989). Cultural premises and the limits of convergence in modern societies: An examination of some aspects of Japanese experience. *Diogene, 147,* 125–140.

Eisenstadt, S. N. (1990). Patterns of conflict and conflict resolution in Japan: Some comparative indications. In Eisenstadt & E. Ben-Ari (Hrsg.), *Japanese models of conflict resolution* (S. 25–35). London: Kegan Paul International.

Eisenstadt, S. N. (Hrsg.). (1992). *Kulturen der Achsenzeit II. Ihre institutionelle und kulturelle Dynamik.* Frankfurt a. M.: Suhrkamp.

Eisenstadt, S. N. (1994). Japan: Non-Axial Modernity and the Multiplicity of Cultural and Institutional Programs of Modernity. In J. Kreiner (Hrsg.), *Japan in Global Context*(S. 63–95). Papers Presented on the Occasion of the Fifth Anniversary of the German Institute for Japanese Studies. Philipp-Franz-von-Siebold Stiftung, Tokyo.

Eisenstadt, S. N. (1995a). *Power, trust, and meaning essays in sociological theory and analysis.* Chicago: The University Press of Chicago.

Eisenstadt, S. N. (1995b). Introduction: Social structure, culture, agency, and change. *Power, trust, and meaning* (S. 1–40). Chicago: University of Chicago Press.

Eisenstadt, S. N. (1995c). Culture and social structure revisited. *Power, trust, and meaning* (S. 298–299). Chicago: University of Chicago Press. Erstveröff. 1986.

Eisenstadt, S. N. (1995d). The order-maintaining and order-transforming dimensions of culture. *Power, trust, and meaning* (S. 306–327). Chicago: University of Chicago Press. Erstveröff. 1992.

Eisenstadt, S. N. (1995e). Action, resources, structure, and meaning. *Power, trust, and meaning* (S. 328–389). Chicago: University of Chicago Press. Erstveröff. 1992.

Eisenstadt, S. N. (1995f). Charisma and institution building: Max weber and modern sociology. *Power, trust, and meaning* (S. 167–201). Chicago: University of Chicago Press. Erstveröff. 1968.

Eisenstadt, S. N. (1995g). Patron-client relations as a model of structuring social exchange. *Power, trust, and meaning* (S. 202–238). Chicago: University of Chicago Press. Erstveröff. 1980.

Eisenstadt, S. N. (1995h). Symbolic structures and social dynamics with special reference to studies of modernization. *Power, trust, and meaning* (S. 142–166). Chicago: University of Chicago Press.

Eisenstadt, S. N. (1996). The jacobin component of fundamentalist movements. *Contention, 5*(3), 155–170.

Eisenstadt, S. N. (1997). *Die Vielfalt der Moderne.* Weilerswist: Velbrück.

Eisenstadt, S. N. (2000a). The civilizational dimension in sociological analysis. *Thesis Eleven, 62,* 1–21.

Eisenstadt, S. N. (2000b). *Die Vielheit der Moderne*. Weilerswist: Velbrück.

Eisenstadt, S. N. (2002a). Multiple modernities. In Eisenstadt (Hrsg.), *Multiple modernities* (S. 1–29). New Brunswick: Transaction Publishers.

Eisenstadt, S. N. (2002b). The civilizational dimension of modernity: Modernity as a distinct civilization. *Comparative Civilizations and Multiple Modernities, 2,* 493–518.

Eisenstadt, S. N. (2003a). Collective identities, Public spheres and political order in modern and contemporary scene. Prepared by Tal Kohavi, Julia Lerner, Ronna Brayer-Grab. A research Program at the Van Leer Jerusalem Institute under the direction of professor S. N. Eisenstadt, rep. *ProtoSociology, 2004*(24), 318–371.

Eisenstadt, S. N. (2003b). Introduction: Comparative studies and sociological theory—from comparative studies to civilizational analysis: Autobiographical notes. *Eisenstadt, comparative civilizations and multiple modernities II (Bd. 3)* (S. 1–28). Leiden: Brill.

Eisenstadt, S. N. (2004). Multiple modernities: The basic framework and problematic. *ProtoSociology, 2004*(24), 20–56.

Eisenstadt, S. N. (2006a). *Theorie und Moderne. Soziologische Essays*. Wiesbaden: Springer VS.

Eisenstadt, S. N. (2006b). Die Mitwirkung der Intellektuellen an der Konstruktion lebensweltlicher und transzendenter Ordnung. *Theorie und Moderne. Soziologische Essays* (S. 79–87). Wiesbaden: VS Verlag.

Eisenstadt, S. N. (2006c). Die soziologische Tradition: Ursprünge, Grenzen, Innovationsmuster und Krisenformen. *Theorie und Moderne. Soziologische Essays* (S. 9–38). Wiesbaden: VS Verlag.

Eisenstadt, S. N. (2006d). Die Achsenzeit in der Weltgeschichte. *Theorie und Moderne. Soziologische Essays* (S. 235–275). Wiesbaden: VS Verlag.

Eisenstadt, S. N. (2006e). Die Dimensionen komparativer Analyse und die Erforschung sozialer Dynamik. Von der vergleichenden Politikwissenschaft zum Zivilisationsvergleich. *Theorie und Moderne. Soziologische Essays* (S. 39–62). Wiesbaden: VS Verlag.

Eisenstadt, S. N. (2006f). *Die großen Revolutionen und die Kulturen der Moderne*. Wiesbaden: Springer.

Eisenstadt, S. N. (2009a). Contemporary globalization, New intercivilizational visions and hegemonies: transformation of nation states. *ProtoSociology, 26,* 7–18.

Eisenstadt, S. N. (2009b). Cultural programmes, the construction of collective identities and the continual reconstruction of primordiality. In Preyer (Hrsg.), *Neuer Mensch und kollektive Identität in der Kommunikationsgesellschaft* (S. 135–184). Wiesbaden: VS Verlag.

Eisenstadt, S. N. (2012). The axial conundrum. Between transcendental visions and vicissitudes of their institutionalizations: Constructive and destructive possibilities. In R. N. Bellah & H. Joas (Hrsg.), *The axial age and its consequences* (S. 277–293). Cambridge: Harvard University Press. Erstveröff. in Análise Social, 2011(XLI), 201–214.

Eisenstadt, S. N. (2015). Social division of labor, construction of centers and institutional dynamics. A reassessment of the structural-evolutionary perspective. In G. Preyer (Hrsg.), *Strukturelle Evolution und das Weltsystem. Theorien, Sozialstruktur und evolutionäre Entwicklungen* (2. Aufl., S. 29–46). Wiesbaden: Springer VS.

Eisenstadt, S. N., & Giesen, B. (1995i). The construction of collective identity. *European Journal of Sociology, 36,* 72–102.

Featherstone, M., Lash, S., & Robertson, R. (Hrsg.). (1995). *Global modernities*. London: Sage.

Friedrich, H. (1981). *Die Struktur der modernen Lyrik. Von der Mitte des neunzehnten bis zur Mitte des zwanzigsten Jahrhunderts* (10. Aufl.). Hamburg: Rowohlt. Erstveröff. 1956.

Fukuyama, F. (1992). *The end of history and the last man*. New York: Free Press.

Geertz, C. (1973). *The Interpretation of culture*. New York: Basic Books.

Giddens, A. (1979). *Central problems in social theory. Action, structure and contradictions in social action*. London: The Macillian Press.

Giddens, A. (1984). *The constitution of society. Outline of the theory of structuration*. Berkeley: University of California Press.

Goffman, E. (1971). Techniken der Imagepflege. *Interaktionsrituale. Über Verhalten in direkter Kommunikation* (S. 10–54). Frankfurt a. M.: Suhrkamp. Erstveröff. 1967.

Hondrich, K. O. (2001a). Prolog: Die gute Gesellschaft. *Der Neue Mensch* (S. 14–33). Frankfurt a. M.: Suhrkamp.

Hondrich, K. O. (2001b). *Der Neue Mensch*. Frankfurt a. M.: Suhrkamp.

Jaspers, K. (1953). *The origin and goal of history*. New Haven: Yale University Press. Erstveröff. 1949.

Kossellek, R. (1973). *Kritik und Krise. Eine Studie zur Pathogenese der bürgerlichen Welt*. Frankfurt a. M.: Suhrkamp.

Kossellek, R. (2006). Sprachwandel und sozialer Wandel im ausgehenden Ancien régime. In R. Kossellek (Hrsg.), *Begriffsgeschichten* (S. 287–308). Frankfurt a. M.: Suhrkamp.

Krauße, R. M. (2015). *Hybridisierung Chinas. Modernisierung und Mitgliedschaftsordnung der Chinesischen Gesellschaft*. Wiesbaden: Springer VS Verlag.

Krawietz, W. (2012). Ausdifferenzierung des modernen Rechtssystems und normative strukturelle Kopplung – sozietal oder sozial? In G. Peter & R. M. Krauße (Hrsg.), *Selbstbeobachtung der Modernen Gesellschaft und die neuen Grenzen des Sozialen* (S. 75–104). Wiesbaden: Springer VS.

Krawietz, W. (2015). Politisch-funktionaler Rechtsbegriff und normative Handlungs- und Institutionentheorie des Rechts nach Helmut Schelsky. *Rechtstheorie, Beiheft, 22*(2015), 1–80.

Krawietz, W. (2016). Multiple modernities in modern law and legal systems: Shmuel Eisenstadt's grand desing and beyond. In G. Preyer & M. Sussman (Hrsg.), *Varieties of multiple modernities. New research design* (S. 90–105). Leiden: Brill.

Marangudakis, M. (2016). Multiple modernities and the theory of indeterminacy – on the development and theoretical foundations of the historical sociology of Shmuel N. Eisenstadt. In G. Preyer & M. Sussman (Hrsg.), *Varieties of multiple modernities. New research design* (S. 48–64). Leiden: Brill.

Levi, M. J. (1966). *Modernization and the structure of society. A setting for international affairs (2 Bde.)*. Princeton: Princeton University Press.

Luhmann, N. (1972). *Rechtssoziologie (Bd. 1)*. Reinbek bei Hamburg: Rowohlt.

Luhmann, N. (1984). *Soziale Systeme. Grundriss einer Theorie*. Frankfurt a. M.: Suhrkamp.

Luhmann, N. (1993). Wie ist soziale Ordnung möglich? *Gesellschaftsstruktur und Semantik. Studien zur Wissenssoziologie der modernen Gesellschaft (Bd. 2)* (S. 195–284). Frankfurt a. M.: Suhrkamp. Erstveröff. 1981.

Luhmann, N. (1995). *Die Kunst der Gesellschaft*. Frankfurt a. M.: Suhrkamp.
Luhmann, N. (1997). *Die Gesellschaft der Gesellschaft*. Frankfurt a. M.: Suhrkamp.
Mayer, E. (1976). *Evolution and the diversity of life*. New Haven: Yale University Press.
Münch, R. (1984). *Die Struktur der Moderne. Grundmuster und differentielle Gestaltung des institutionellen Aufbaus der modernen Gesellschaft*. Frankfurt a. M.: Suhrkamp.
Münch, R. (1986). *Die Kultur der Moderne. Bd. 1: Ihre Grundlagen und ihre Entwicklung in England und Amerika. Bd. 2: Ihre Entwicklung in Frankreich und Deutschland*. Frankfurt a. M.: Suhrkamp.
Münch, R. (1991). *Dialektik der Kommunikationsgesellschaft*. Frankfurt a. M.: Suhrkamp.
Münch, R. (1995). Soziale Bewegungen I: Zwischen Moderne und Antimoderne. In Münch (Hrsg.), *Dynamik der Kommunikationsgesellschaft* (S. 36–54). Frankfurt a. M.: Suhrkamp.
Münch, R. (1995). Soziale Bewegungen II: Die Dialektik von Fundamentalismus und Moderne. In Münch (Hrsg.), *Dynamik der Kommunikationsgesellschaft* (S. 55–76). Frankfurt a. M.: Suhrkamp.
Münch, R. (2008). *Soziologische Theorie. Bd. 3: Gesellschaftstheorie*. Frankfurt a. M.: Campus.
Münch, R. (2009). *Das Regime des Liberalen Kapitalismus. Inklusion und Exklusion im neuen Wohlfahrtsstaat*. Frankfurt a. M.: Campus.
Nederveen Pieterse, J. (2001). *Development theory. deconstruction/reconstruction*. London: Sage.
Parsons, T. (1967). Evolutionary universals in society. *Sociological theory and modern society* (S. 490–520). New York: Free Press.
Preyer, G. (2006, zweite Auflage 2016). *Soziologische Theorie der Gegenwartsgesellschaft. Mitgliedschaftstheoretische Untersuchungen (3 Bd.) Bd. I*. Wiesbaden: Springer VS.
Preyer, G. (2007a). Introduction: The paradigma of multiple modernities. *ProtoSociology, 24*, 5–18.
Preyer, G. (Hrsg.). (2007b). Shmuel N. Eisenstadt: Multiple modernities – A paradigma of cultural and social evolution. *ProtoSociology, 24*.
Preyer, G. (2009a, zweite Auflage 2016). *Soziologische Theorie der Gegenwartsgesellschaft. Bd. III: Mitgliedschaft und Evolution*. Wiesbaden: Springer VS.
Preyer, G. (Hrsg.). (2009b). *Neuer Mensch und kollektive Identität in der Kommunikationsgesellschaft. Karl Otto Hondrich zum Gedächtnis*. Wiesbaden: Springer.
Preyer, G. (Hrsg.). (2009c). Modernization in times of globalization (2 Bde.) Bd. I. *ProtoSociology, 26*.
Preyer, G. (2010). *Max Webers Religionssoziologie. Eine Neubewertung*. Frankfurt a. M.: Humanities Online.
Preyer, G. (2011a). *Zur Aktualität von Shmuel N. Eisenstadt. Einleitung in sein Werk*. Wiesbaden: Springer VS.
Preyer, G. (2011b). Modernization in times of globalization (2 Bde.) Bd. II.*ProtoSociology, 27*.
Preyer, G. (2012). Religion als Kommunikation. Freigeschaltet Academia:edu *unter* Gerhard Preyer, *Einheit* Sociology of Membership, Sociological Theory.
Preyer, G. (2013). The Problem of subjectivity. Dieter Henrichs turn. In S. Miguens & G. Preyer (Hrsg.), *Consciousness and subjectivity* (S. 189–211). Berlin: Walter De Gruyter.
Preyer, G. (2012–2013). *Soziologie der Mitgliedschaft III. Neue Version. Vorlesungen* (Wintersemester). Freigeschaltet auf meiner Universitätshomepage: Goethe-Universität Frankfurt am Main. Institut für Soziologie und Academia *unter* Gerhard Preyer, *Einheit* Vorlesungen.

Preyer, G., & Krauße, R. M. (2014). *Chinas Power-Tuning. Modernisierung des Reichs der Mitte*. Wiesbaden: Springer VS.

Preyer, G. (2015). Mitgliedschaftsbedingungen. Zur soziologischen Kerntheorie einer Protosoziologie. In G. Preyer (Hrsg.), *Strukturelle Evolution und das Weltsystem. Theorien, Sozialstruktur und evolutionäre Entwicklungen* (2. Aufl., S. 71–123). Wiesbaden: Springer VS.

Preyer, G. (2016a). Una Interpretatión de la Globalization: Un Giroenla Theoría Sociologica (Interpreting Globalization: Switch in Sociological Theory). *Revista Mexicana de Ciencia Politica y Sociales, 226*, 73–107.

Preyer, G. (2016b). Globalization and the third research program of multiple modernities, Vincenzo Cicchelli and Madalina Vartejanu-Joubert, *International Conference Legacies of Shmuel Noah Eisenstadt: From Philology to Sociology*, Inalco, Paris (26–27 January).

Preyer, G. (2016c). Soziologie ohne Menschen, *Rechtstheorie* 1.

Preyer, G., & Peter, G. (Hrsg.). (2016). *Social Ontology and Collective Intentionality. Critical Essays on the Philosophy of Raimo Tuomela with His Responses*. Dordrecht: Springer.

Preyer, G., & Sussman, M. (2016a). Introduction on Shmuel N. Eisenstadt's sociology: The path to multiple modernities. *Varieties of multiple modernities. New research design* (S. 1–29). Leiden: Brill.

Preyer, G., & Sussman, M. (Hrsg.). (2016b). *Varieties of multiple modernities. New research design*. Leiden: Brill.

Schluchter, W. (2006). *Grundlegungen der Soziologie (Bd. 1)*. Tübingen: Mohr Siebeck.

Schwartz, B. I. (1975). The age of transcendence. *Daedalus, 104*(2), 1–7.

Searle, J. R. (2010). *Making the social world. The structure of human civilization*. Oxford: Oxford University Press.

Sewell, W. F. (1992). A theory of structure: Duality, agency, and transformation. *American Journal of Sociology 98*, 1–29.

Silver, I. F. (2016). S. N. Eisenstadt's Theory(ies) of culture: A case of continuity and/or change?, Vincenzo Cicchelli and Madalina Vartejanu-Joubert, *International Conference Legacies of Shmuel Noah Eisenstadt: From Philology to Sociology*, Inalco, Paris (26–27 January).

Shils, E. (1975). *Center and periphery. Essays of macrosociology*. Chicago: Chicago University Press.

Stichweh, R. (2000). Raum, Region und Stadt in der Systemtheorie. *Die Weltgesellschaft. Soziologische Analysen* (S. 184–206). Frankfurt a. M.: Suhrkamp.

Tuomela, R. (2009). Collective acceptance, social institution, and social reality. In Preyer (Hrsg.), *Neuer Mensch und kollektive Identität in der Kommunikationsgesellschaft, Karl Otto Hondrich (1937–2007) zum Gedächtnis* (S. 273–306). Wiesbaden: Springer VS.

Turner, B. S. (Hrsg.). (1992). *Modernity and postmodernity*. London: Sage. Erstveröff. 1990.

Weiner, M. (Hrsg.). (1966). *Modernization. The dynamics of growth*. New York: Basic Books.